PASIÓ
DEL CU~~RA DEUSTO~~

AUGUSTO D'HALMAR

Daniel Balderston

Edición crítica

ISBN: 1-930744-90-0
© Serie S • Sexo y sexualidades, 2019
INSTITUTO INTERNACIONAL DE
LITERATURA IBEROAMERICANA
Universidad de Pittsburgh
1312 Cathedral of Learning
Pittsburgh, PA 15260
(412) 624-5246 • (412) 624-0829 fax
iili@pitt.edu • www.iilionline.org

Colaboraron con la preparación de este libro:

Composición, diseño gráfico y tapa: Erika Arredondo
Imagen para la tapa: Tyler McCloskey
Correctores: Gustavo Quintero, César Romero Fernández y Gustavo Vargas

INTRODUCCIÓN

Pasión y muerte del cura Deusto (1924) es la obra más importante del escritor chileno Augusto d'Halmar (1882-1950), seudónimo de Augusto Goemine Thomson. Es también una de las primeras novelas de temática homosexual en lengua castellana; le anteceden en portugués, en 1895 (el año de los juicios de Oscar Wilde), *Bom Crioulo* de Adolfo Caminha, y en francés *Escal Vigor*, del belga Georges Eekhout, publicada en 1899. Una obra sumamente curiosa dentro de la obra de d'Halmar, que se hizo famoso por su novela naturalista (*Juana Lucero* de 1902) y sus grandiosos libros de viaje (*La sombra del humo en el espejo* entre muchos otros), ésta es una novela insistentemente española, no sólo en su escenografía sino hasta en el lenguaje y el marco cultural. Es lectura obligada para los estudiosos de la diversidad sexual en la literatura latinoamericana, pero hace falta una edición crítica para que sea más accesible al lector actual.

La primera edición de la novela se publicó en Berlín, en Editorial Internacional, en 1924. Tiene una curiosa portada, que no revela para nada la temática homoerótica de la novela, sugiriendo en cambio que podría ser una novela de vampiresas o de *femmes fatales*. El porqué de la publicación en Berlín se desconoce (aunque la Editorial Internacional tenía varias sedes en Europa), pero d'Halmar anduvo fuera de Chile por muchas décadas, a veces como cónsul chileno en los lugares más diversos, a veces como corresponsal. La novela la escribió, según el colofón, en Sevilla (a partir del 1 de enero de 1920) y en Madrid (donde la terminó el 18 de septiembre del mismo año). Otra curiosidad de la portada: igual que la segunda edición, retrata al cura Deusto como viejo, cuando en realidad tiene apenas 33 años cuando muere un Viernes Santo.

La segunda edición, publicada en la Editorial Nascimento en 1938, ya es chilena (y su autor ha vuelto a Chile, como se puede comprobar en la cronología de esta edición); casi todas las futuras ediciones se publican también en Chile. La estética de la portada cambia del *art nouveau* al *art deco*, otra vez insistiendo en que el lector tenga una imagen del cura como un hombre viejo, y hermosamente mostrando el tren que lo matará, en un bello diseño en diagonal. Esa segunda edición de la novela es la última publicada en vida del autor y ha servido de base para las ediciones posteriores; para esta edición

AUGUSTO D'HALMAR

PASION y MUERTE DEL CURA DEUSTO

NOVELA

EDITORA INTERNACIONAL

hemos cotejado esas dos primeras con la de Zig-Zag (1985) y con la más reciente, con prólogo de Juan Pablo Sutherland, en Editorial Mago (2014). Ninguna de las ediciones anteriores a ésta que presentamos lleva notas explicativas ni aparato crítico.

En esta edición he intentado glosar los aspectos lingüísticos interesantes en la novela (el uso por parte del autor chileno del *leísmo* y del *laísmo* peninsulares, el empleo de vocablos hispano-árabes, otros detalles léxicos), las referencias a la historia y la geografía de Sevilla (muy numerosas), y el uso del latín eclesiástico y de referencias específicas al culto católico anterior al Segundo Concilio del Vaticano (1962-1965). También, detalles que tienen que ver con la biografía del autor, sobre todo con su relación con Fernando Santiván, íntima en la época de la colonia tolstoyana (1904-1905) pero incómoda poco después cuando Santiván se casa con Elena González Thomson, la hermana del escritor. La relación entre d'Halmar y Santiván se ficcionaliza en la obra de ambos escritores: d'Halmar lo hace no sólo aquí sino en *La lámpara en el molino*, *La sombra del humo en el espejo* y *Cristián y yo*, y Santiván en *Ansia*, su primera novela, publicada en 1910 (en vida no sólo de D'Halmar sino de Elena y de su hermana Estela). Después de la muerte de d'Halmar en 1950, Santiván hará más explícito la conflictiva relación entre ambos en su libro más famoso, *Memorias de un tolstoyano* (1955) y en *Confesiones de Santiván* (1958), donde explica sus complejas relaciones matrimoniales con Elena y extramatrimoniales con Estela (todo queda en familia, como se ve). El hecho de que estos datos biográficos aparezcan de modo oblicuo en esta novela, que aparentemente no tiene nada que ver, es motivo de unas pocas notas.

Otros detalles que hay que anotar son los detalles de la vida eclesiástica: la vestimenta, las oraciones, las palabras de la liturgia, las lecturas. El cura Deusto, vasco de origen, es lector de la Biblia (en latín) y de la *Imitación de Cristo* (el famoso libro de devoción atribuido a Tomás à Kempis); es también un gran conocedor de la música sacra, desde los cantos gregorianos a los himnos y la música del período barroco. A la vez, la Sevilla donde trabaja es un lugar famoso por su música popular (y su baile), desde el cante jondo y las otras variedades del flamenco a los villancicos y las zarzuelas: muchas notas glosan la presencia de cantaoras y bailaoras en la novela. También hay referencias precisas al mundo de la tauromaquia. Pedro Miguel, el joven monaguillo y cantante, es de origen gitano y judío, y su biografía da lugar a numerosas exploraciones de las culturas reprimidas en España, tema que se hará famoso poco después cuando Américo Castro y sus discípulos estudian los efectos de las expulsiones de judíos y musulmanes en la cultura española. Un libro que ha sido útil para trazar el trasfondo de la emergencia de la cultura gay en España en el período es *'Los invisibles': A History of Male Homosexuality in Spain, 1850-1940* de Richard Cleminson y Francisco Vázquez García (2007), que incluye algunas

referencias a esta novela, aunque los autores confunden detalles de la trama y dos veces dicen que el autor era uruguayo y no chileno (204 y 275).[1]

D'Halmar se esforzó en esta novela (a diferencia del resto de su obra) en escribir una novela española, con algunas expresiones en euskera y en dialecto andaluz, y con una fuerte presencia de vocablos hispano-árabes.[2] También escribe utilizando dos aspectos del castellano peninsular fuertemente criticados por los gramáticos hispanoamericanos: el *leísmo* (uso de *le* por complementos directos masculinos) y el *laísmo* (uso de *la* por complementos indirectos femeninos). Ninguna de las ediciones anteriores comenta este fascinante aspecto lingüístico, aunque todas lo reproducen.

A la vez, ninguna de las ediciones anteriores ha identificado los cuatro epígrafes, derivados supuestamente de "poesía oriental". Provienen, sin embargo, no de un texto poético sino de la ilustre obra en prosa *Las mil y una noches*, y en todos los casos de la traducción de Vicente Blasco Ibáñez (1867-1928), hecha no desde el original árabe sino de la versión en francés de Joseph-Charles Mardrus, publicada en francés entre 1898 y 1904. Blasco Ibáñez publicó su traducción de Mardrus al español en 1916 en seis tomos. El novelista español había pasado por Chile dando conferencias en 1909 en una visita organizada por Fernando Santiván, que retrata gozosamente los escándalos producidos por la visita en *Confesiones de Santiván*. D'Halmar pasó por Chile poco después, así que seguramente estaba al tanto del repudio que había producido Blasco Ibáñez en su visita, razón suficiente, tal vez, por callar la fuente de los epígrafes. De todos modos, es interesante el toque orientalista (que d'Halmar desarrolla mucho más en sus libros de viaje) en una novela sobre Sevilla.

La novela se ubica de modo total en el centro histórico de Sevilla (salvo un breve cruce del río Guadalquivir a La Triana, barrio de origen de Pedro Miguel). La Catedral, la plaza de toros La Maestranza, la Alameda de Hércules, la Plaza de la Encarnación (ahora sitio de Las Setas de Sevilla del arquitecto Jürgen Mayer), la Puerta de la Macarena: todos estos lugares se mencionan en la novela, y se pueden trazar las caminatas de los personajes por las frecuentes menciones de calles, iglesias y monumentos. La iglesia

---

[1] Otro libro sumamente útil para la recuperación de culturas eróticas en España en el período es *Cultures of the Erotic in Spain, 1898-1939* de Maite Zubiaurre (2012). No habla de d'Halmar pero sí de muchos otros textos literarios de la época.

[2] Hay también expresiones de origen gallego, valenciano, leonés y aragonés. Se podría decir que d'Halmar está intentando representar la diversidad lingüística de la península ibérica, un poco como hace Valle-Inclán con las variedades del español en Hispanoamérica en su novela *Tirano Banderas* (1926). A la vez, d'Halmar a veces inventa palabras, como "girovagancias" o "somnilocuando" en los primeros dos capítulos de "Violaceus": ese tipo de neologismo sugiere que parte de su esfuerzo como escritor es inventar un léxico que represente la diversidad de Sevilla de la época.

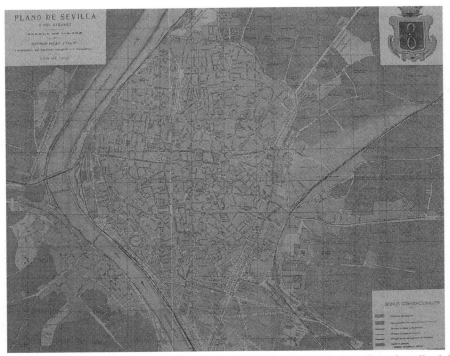

de San Juan de la Palma, centro de la mayor parte de la acción, ubicada en la calle del mismo nombre casi en la esquina de la calle Feria, está ubicada en medio de ese centro histórico, a pocas cuadras de la Alameda de Hércules, de la Plaza de la Encarnación y de la Escuela de San Francisco de Paula. El mapa de Sevilla de 1910 de Antonio Poley ayuda a ver la geografía precisa de la novela: La acción de la novela ocurre entre 1910 (aproximadamente) y 1913, así que este mapa es una buena guía.

Pasión y muerte del cura Deusto es una novela de una fuerte sensualidad, una obra maestra del homoerotismo. Tal vez por eso mismo se ubica lejos de Chile (véase el conocido artículo de Sylvia Molloy) y en un ámbito exótico, tanto por la fuerte presencia de la cultura andaluza (y en menor grado de la vasca) como de los detalles íntimos de los ritos católicos en esa época tan lejana de nosotros: el Segundo Concilio del Vaticano (1962-65) modificó no sólo la lengua de la misa sino muchos de los detalles que importan a la acción de la novela. Espero que esta edición crítica ayude al lector actual a apreciar el trabajo cuidadoso del novelista chileno, que reimagina elementos de su propia experiencia en un escenario otro, exótico y lejano.

En esta edición hemos modernizado la ortografía (cambiamos "fué" a "fue" por ejemplo) y hemos corregido en pocas ocasiones la puntuación de las dos primeras ediciones.

Esta edición inaugura una nueva serie, la Serie S, del Instituto Internacional de Literatura Iberoamericana. El crítico chileno Alone (Hernán Díaz Arrieta) dice en su libro *Los cuatro grandes de la literatura chilena durante el siglo XX: Augusto d'Halmar, Pedro Prado, Gabriela Mistral, Pablo Neruda* (1962): "hay algo que Santiván no dice, que hasta ahora nadie ha dicho claramente, aunque todos lo saben: el uranismo de d'Halmar, que no lo explica todo, pero sin lo cual nada se entiende" (19). El próximo título que proponemos publicar en esta serie será una antología de textos homoeróticos de fines del siglo XIX y principios del siglo XX; esta novela de d'Halmar es apenas una de las obras en una constelación que nos interesa reeditar.

Agradezco la ayuda de varios amigos chilenos en la búsqueda de datos sobre d'Halmar y su novela: Juan Pablo Sutherland, Óscar Contardo, José Salomón Gebhard (que ayudó mucho con las numerosas citas en latín), Víctor Rocha (que ayudó con la cronología), y, fuera de Chile, a Joseba Gabilondo (que ayudó con las frases en euskera). También a los empleados de la Biblioteca Nacional chilena y a su director, Pedro Pablo Zegers. Las conversaciones con Jaime Galgani y con Ricardo Loebell también fueron útiles. En Pittsburgh mis asistentes, Gustavo Quintero y Gustavo Vargas, ayudaron con la producción de una copia digital de la novela y con el cotejo de las ediciones; sin ellos hubiera sido imposible corregir varios errores que se habrían ido incorporando a las sucesivas ediciones de la novela. Tanto Erika Arredondo como yo agradecemos a César Romero Fernández por su cuidadosa revisión final de las pruebas de página. Esta novela merece como pocas una edición crítica.

PASIÓN
Y MUERTE
DEL
CURA DEUSTO

"Nadie escapa a su Destino, así esté oculto o no esté, así tenga el rostro sereno o contristado. Olvídalo todo, amigo, bebe por la belleza. Soy la Belleza, que ningún hombre nacido de mujer, puede contemplar impunemente, y si la vida te ha retirado la copa, mira cómo la muerte quiere brindar contigo".

[POESÍA ORIENTAL][3]

---

[3]   Igual que los epígrafes de las tres secciones de la novela, también llamados "poesía oriental", éste realmente proviene de la prosa de las *Mil y una noches*, de la noche 49 (la historia del rey Omar Al-Neman y de sus dos hijos Scharkán y Daul-Makán). La traducción que emplea d'Halmar es de Vicente Blasco Ibáñez (1916, en seis tomos), a partir de la traducción francesa de J.-C. Mardrus (1898). Esa edición lleva prólogo de Enrique Gómez Carrillo.

ALBUS[4]

*«Vengo a contarte mi locura, y como el
amor ha podido hacerme niño
rejuveneciendo mi vida».*[5]

(POESÍA ORIENTAL)

---

[4]   La novela está dividida en tres secciones según los colores de la vestimenta eclesiástica. En este caso, el cura se viste de blanco.

[5]   De las *Mil y una noches*, Noche 130, "Historia de la princesa Donia con el príncipe Diadema". Igual que los otros epígrafes, no está en verso en el original.

I

Cuando los dos sacerdotes asomaron a la plaza, los monaguillos que jugaban levantaron la cabeza para mirarlos, y, reconociendo al Provisor del Arzobispado, se preguntaron quién podía ser el personaje eclesiástico que éste se había dignado conducir hasta el pórtico del palacio.

Era un joven que parecía más alto *y* más cenceño[6] en su enjuta sotana negra. Los ojos, profundamente encajados en las órbitas, diferían en todo de los decidores ojos andaluces, y aun sin conocer a todos los tonsurados de la diócesis, desde el cardenal-arzobispo hasta el último subdiácono del Seminario, los muchachos habrían adivinado que se trataba de un extranjero, de un albarrán,[7] como todavía se dice por ahí, en árabe, nada más que en el embeleso con que abrazaba la masa del templo, enfrente de ellos, y sobre todo la esbelta forma del alminar.[8]

—¡Pedro Miguel! —llamó el señor Provisor con voz súbitamente dulcificada.

Y cuando del corrillo de niños de coro se destacó el que parecía mayor de todos, los otros se dieron con el codo y rieron so capa entre ellos.

—¡Pedro Miguel! —repitió el Provisor en el mismo tono en falsete y evitando mirar al rapaz,[9] cuyos ojos, doblemente azules en la cara atezada, le afrontaban cándidamente impávidos—. Tú, que conoces como nadie la ciudad, a ver si llevas al señor cura hasta San Juan de la Palma.[10]

Y volviéndose hacia su acompañante:

—Es uno de los *seises*[11] de nuestra catedral, y bailó hasta las últimas fiestas de Purísima;[12]

---

[6] Delgado o enjuto.

[7] Del árabe *albarrání* "forastero".

[8] Torre de la Catedral de Sevilla, la Giralda, un poco más adelante se llama "torreón sarraceno". Curiosamente es un arabismo francés, de "minaret", y sólo se incluye en el DRAE en 1837.

[9] En portugués, "muchacho", pero en español "ladrón" o "ave de rapiña". Los registros lingüísticos se mezclan en la novela.

[10] Ver mapa histórico de Sevilla. Iglesia construida sobre el solar de una vieja mezquita, en la esquina de la calle San Juan de la Palma (luego calle Viriato) con la calle Feria.

[11] Agrupación de diez niños que realizan un baile delante de la Catedral de Sevilla en Corpus Christi.

[12] La fiesta de la Inmaculada Concepción, el 8 de diciembre.

pero como, por desgracia, ya resulta un zagalón,[13] tendremos que reemplazarle[14] para este Corpus.[15]

La mano casi episcopal tuvo un gesto como de absolución, y la voz no volvió a afirmarse sino para decirle adiós al huésped. Lentamente, el dignatario se metió por el patio metropolitano, mientras en la casi desierta plaza del Cardenal,[16] el presbítero, olvidando cubrirse, veía a los niños, que habían reanudado sus juegos a la sombra del torreón sarraceno. Miró sucesivamente a ése como faro de la tierra del sol y a su guía, trigueño y avispado, y sólo entonces se decidió a protegerse de la resolana que todavía quemaba.

—Pedro Miguel —requirió a su vez dirigiéndosele.

—Llámelo usted *Aceitunita*, señor cura—chilló desde el grupo uno de los galopines.[17]

La mirada de Pedro Miguel era tan colérica que el cura se echó a reír, considerándole con mayor detención.

—¿Pero con esos ojos zarcos y esas guedejas zainas puedes ser sevillano?[18]

—¡Toma! Como las aceitunas verdes con manzanilla dorada —volvió a entrometerse el que había hablado antes;— porque es trianero el jacarandoso, trianero y gitano.[19]

—¡Gitana tu madre! —replicó *el Aceitunita,* avanzando con los puños crispados hacia sus compañeros.

—¡La tuya, mala salmuera! —insistió el otro, poniendo distancia entre ellos.

Y como el ofendido se detuviese, tan cohibido como indeciso:

—Ya soltó la sin hueso *el Aceitunita*, que para eso se las vale. ¡Anda, que ya no esta el Provisor para ampararte, ni hay nadie delante de quien puedas hacer el flamenco!

—Déjalos, Pedro Miguel, y no les hagas caso—se interpuso apaciguador el forastero.

—Porque me tienen envidia —explicó el gitanillo poniéndose a su vera—. Envidia porque conozco el cante, envidia porque bailo como ninguno, envidia porque el señor Provisor me protege y hasta porque me escogió ahora para acompañar a usted.

El sacerdote se había detenido a su vez, señalando el gigantesco campanilo.

—Es el caso —dijo— que ya que estoy aquí no me pesaría trepar allá arriba, si quieres aguardarme.

—Que no podrá usted ir solo —interrumpió el *cicerone*[20] sentenciosamente.

---

[13] Adolescente muy crecido y adelantado para su edad.

[14] Nótese el uso del leísmo (uso de *le* por complemento directo masculino), aspecto del español peninsular y no del español hispanoamericano, curioso en un autor chileno. Abajo en la nota 31 hay un ejemplo de laísmo. Son indicios del esfuerzo de d'Halmar por escribir una novela española, no sólo en su temática sino también en su lenguaje.

[15] Corpus Christi, sesenta días después del Domingo de Pascua, celebrado en Sevilla desde 1426.

[16] Probablemente se refiere a la Plaza de San Lorenzo. Una de las calles que llega a esa plaza se llama Cardenal Spíndola. Tanto la Iglesia de San Lorenzo como la Basílica del Gran Poder se encuentran en esa plaza.

[17] Muchacho mal vestido, pícaro sin educación ni vergüenza.

[18] Mechones negros.

[19] La Triana, barrio en la orilla oeste del río Guadalquivir en Sevilla.

[20] Guía turístico. Se piensa que el nombre hace alusión al escritor romano Marco Tulio Cicerón, conocido por su elocuencia.

Volvió el forastero a considerarle con sorpresa.

—¿Por qué?

—Porque no se lo consentirán a usted.

—Pero ¿por qué?

—Porque no está permitido.

Y como viera que su interlocutor comenzaba a creer en una burla, entoldó por la primera vez los párpados, velando con las pestañas rubias sus desconcertadoras miradas, plegó los labios para disimular la sonrisa que espejeaba en sus dientes y contó sin apresurarse, cómo, por miedo a los suicidios, no se dejaba subir sino con alguien...

El clérigo callaba, con la vista perdida en ese espacio como ninguno celeste, sobre el cual la atalaya bética[21] viene destacándose desde siempre. Veía hasta la figura como alada que la remata y que, girando a todos los vientos de la campiña andaluza, le ha prestado su nombre de Giralda; y a su imaginación de hombre del Norte chocaba como un símbolo esa *Fortissima turris nomen Domine*[22] que sugiere el vértigo y que no puede escalarse solo. Una voz viva y cantante vino a hacerle descender desde las alturas de su divagación.

—Subiremos juntos —decidía el niño, echando a andar para mostrarle el camino al hombre—. ¿Le pesa que le acompañe? Verá usted el Guadalquivir, y, más allá, hasta las vegas; desde arriba, señor cura, le enseñaré Sevilla, toda la tierra de María Santísima.

Mientras en silencio, ascendían insensiblemente por esa rampa contorneando en espiral sus veintiocho mesetas, el viajero hubiese podido percibir ya el panorama por las troneras,[23] pero prefirió reservarse su espectáculo completo, y únicamente trataba de recordar las ideas que en sus mocedades podía haberle sugerido una acuarela de Sem Rubí que había en el recibimiento de su casa y que representaba el río con sus vaporcitos, junto a la Torre del Oro,[24] y sobre el horizonte, entre un par de nubes que parecían dos arcángeles, esta misma Giralda, acerca de la cual, propios y extraños, hacen tantas fantasías. Precisamente alcanzaban en ese instante su plataforma, y la urbe construida por Hércules, tomada sucesivamente por los fenicios, los griegos y los cartagineses, cercada por César, conquistada por los bárbaros y más tarde los árabes, y libertada, en fin, por San Fernando,[25] extendía hasta confundirse con los campos circundantes el dédalo de sus callejuelas de paredes blancas y terrazas de azulejos, abriéndose de trecho en trecho el claro de las plazoletas como oasis plantados de palmeras. Los campanarios habían reemplazado los minaretes en las mezquitas convertidas en templos cristianos; pero la cúpula transparente de su cielo era la misma, sin una trizadura ni un celaje que

---

[21] Baetica, una de las provincias de la Hispania romana, con capital en Hispalis (Sevilla).

[22] "El nombre del señor es una torre muy fuerte", inscripción latina que aparece en la Giralda, al convertir el minarete árabe en torre de la catedral cristiana; viene de Proverbio 18:10, en versión latina de la Vulgata, aunque en la versión de la Vulgata dice "turris fortissima nomen Domini", no "fortissima turris nomen Domine".

[23] Pequeñas ventanas.

[24] Vieja torre árabe en la orilla del Guadalquivir, construido en 1220-1221 por el califa almohade de Sevilla Abù l-Ulà.

[25] Fernando III (c. 1199-1252), rey de Castilla (de 1217 a 1252) y León (de 1230 a 1252), patrón de Sevilla, canonizado en 1671.

lo empañara, áurea campana protegiendo la feracidad de vergeles y huertos, y vibrando en las almas con los sones de una alegría inconfundible; y el vascongado sintió por la primera vez como si el corazón se le volcase o, más bien, como si le hubiera sido echado a vuelo en concierto de alborozado repique para el *ángelus*[26] de esa tarde.

—Yo comprendo —dijo en alta voz— a los viajeros que habiendo visto una vez la Giralda sienten regocijo nada más que de volverla a ver.

—Nosotros lo sentimos con sólo mirarla —respondió lacónicamente el sevillano.

Inclinados sobre el parapeto, dominaban a vista de pájaro aquel recinto en que tantos siglos y tantas civilizaciones habían reñido refriega. ¡Cuántos ojos, para siempre apagados, no se habían abierto al esplendor luminoso de ese paisaje abarcado desde este pináculo! Y la mano morena del muchacho gitano iba señalándole al albarrán cada flecha de iglesia y orientándolo por entre la maraña de la población. Aquí a sus pies, eran las agujas de esa basílica cuya construcción, al ser decretada por el sesudo Cabildo sevillano, se estipuló "que debería parecer obra de locos a los venideros". Aquel como mirador cercano, entre la Puerta de Jerez y el redondel de la Plaza de Toros, era del hospital de la Caridad, fundado por don Juan Tenorio;[27] junto a la línea azul de la corriente, la Torre del Oro velaba cual otro centinela avanzado. Los jardines del Alcázar y los de San Telmo se juntaban casi, al Sur, por encima de la Manufactura de Tabacos; y hacia el Este, iban irguiéndose otros puntos culminantes: el Palacio Arzobispal, muy próximo y más atrás el Salvador, San Isidro, Santa María la Blanca, la Cruz del Campo y San Esteban, hasta la Puerta de Carmona y hasta San Roque, San Leandro, San Ildefonso, Santiago, San Pedro y el convento de Santa Inés, donde descansa doña María Coronel,[28] de galantes reminiscencias; Santa Catalina, San Andrés y el hospital del Pozo Santo; San Martín, San Juan de la Palma, San Román, San Marcos, Santa Paula y el Hospicio San Luis; Santa Marina, San Julián y Santa Lucía, hasta la Trinidad y hasta la Puerta de Córdoba; y siempre hacia el norte y hacia la de la Macarena, quedaban todavía cien santuarios: Omnium Sanctorum, o San Gil, San Clemente, o ese otro convento de Santa Clara, que encierra entre sus muros la torre del homenaje de Don Fadrique;[29] San Martín, San Lorenzo, o San Vicente, bajando otra vez por el Oeste a la Puerta Real y a las riberas del Guadalquivir, frente al puente Isabel II, a cuyo lado opuesto se extendía Triana, desde la Cartuja gótica, al palomar mudéjar de su parroquia, la de la Virgen de la Esperanza y de la gitanería, Triana la del *Aceitunita*.

Bajaron, ya más familiares, como si la visión compartida les[30] hubiese puesto en contacto. El niño charlaba encantado, y el presbítero, a pesar de ese algo invenciblemente

---

[26] Oración recitada a las 6:00 de la mañana, al mediodía y a las 6:00 de la tarde.

[27] El Hospital de la Caridad de Sevilla fue fundado por Miguel Mañara (1627-1679); en el *Don Juan Tenorio* de Zorrilla, y obras posteriores, se confunde con don Juan.

[28] Aristócrata sevillana (1334-1409), fundadora del convento de Santa Inés.

[29] Fadrique de Sevilla, infante de Castilla (1223-1277), ejecutado en Burgos por su hermano Alfonso X. Construyó lo que se conoce como la Torre de don Fradique en 1252.

[30] Otra instancia del leísmo peninsular.

solitario y reservado de su aspecto, sabía sonreír con tanto acierto que casi podía decirse que sostenían una conversación. Así penetraron a la Catedral por la Puerta de los Palos, nada más que algunos pasos para recibir el bautismo de su desolación silenciosa, lóbrega y glacial; la irradiación como de incendio de los cirios de la Capilla Real, el escalofrío del órgano en que estudiaban alguna cantata, las lamparillas de aceite en la tenebrosa Capilla de la Granada, y salieron, por la llamada Puerta del Lagarto. El niño se detuvo para mostrar, suspendido a su dintel en arco de herradura, el saurio que la[31] da apodo y que representa la Prudencia, así como un colmillo de elefante y un freno que lo acompañan significan la Fortaleza y la Templanza, y como simboliza la Justicia. una vara de hierro adherida al muro, Puerta de las Virtudes Cardinales, debiendo ser su verdadero nombre. Atravesaron el Patio de los Naranjos, con sus árboles cargados de frutos y sus vetustas losas desunidas por la humedad. Un púlpito hecho en la misma mampostería, delante de la Biblioteca Colombina, decía en una placa, que desde allí habían predicado, *in illo tempore,* San Vicente Ferrer, San Francisco de Borja y San Juan de Ávila, y saludando al paso la última hornacina de una Madona, salieron por la puerta árabe del Perdón.[32]

—Usted quiere que le lleve hasta San Juan de la Palma, y sin apartarme de nuestro camino yo voy a hacerle pasar ante las tres casas más célebres —indicó *el Aceitunita,* tomando por la calle Giraldo Alcázar—. Aquí, en el número seis, vive el propio Giraldo Alcázar, que ha creado nuestro sainete. Si fuera de mañana, hasta podría verle usted escribiendo. ¡Qué encanto de patio!, ¿eh? No le hay más mudéjar, ni más lleno de sol, de flores y de pájaros, ni con una fuente más blanca y un surtidor más transparente, y los extranjeros vienen por admirarlo tanto como por divisar a su dueño.

El sacerdote sonreía benévolo. Recordaba haber tratado de poner en música, siendo niño, el "Canto de la Sangre y del Oro", el poema clásico que había inmortalizado en vida al maestro, y no llegaba a figurarse cómo, en carne y hueso y tan cerca, pudiera existir todavía. Su calle llevaba ahora su nombre, y el legendario vecino debía de cruzarla casi como un alma en pena.

—Debe de ser muy viejo, ¿verdad?

—No mucho más que usted —apuntó el niño reflexionando— y tan majo y tan rumboso.

—¡La suerte! Pregúntele a su acólito si no es la suerte de 1a que le sale al paso, señor cura.

El pintoresco revendedor los persiguió un trecho con sus billetes de lotería, y únicamente cuando lo distanciaron, pudo explicar el acólito al cura, que ése era otro de los tipos sevillanos, el famoso *Nazareno* que, una mañanita de hacía muchos Viernes Santos, había brindado a la Virgen de la Macarena con un chato de manzanilla y, borracho

---

[31] Curioso uso del laísmo peninsular (el empleo de *la* para complemento indirecto femenino). Aquí, como en el correspondiente uso del leísmo, se nota el esfuerzo del autor chileno por escribir una novela española.

[32] La "Puerta del Perdón", resto de la antigua mezquita de Sevilla, tiene como adorno cristiano una imagen de Jesucristo expulsando a los monederos del templo.

perdido, había terminado por arrojárselo a la cara. Desde entonces, como desagravio y penitencia, figuraba todos los años en la procesión, llevando a cuestas una pesada cruz; pero, desde entonces también tenía las manos como santificadas y por ellas había pasado dos veces el premio de Navidad, derrochando fortuna en los barrios bajos, aunque el milagroso sembrador siguiese tan pobre como antes.

Salían a la plaza del Salvador, y por las calles de Córdoba y de Puente y Pellón, al mercado de la Encarnación, que cruzaron de sur a norte, y por Regina y Jerónimo Hernández, a la plazuela del Pozo Santo, donde el guía, con un matiz de respeto, volvió a señalar una vivienda.

—Del *Palmero* —anunció sin comentario.

Otra impresión de adolescencia asaltaba al sacerdote vasco: Las Arenas de Bilbao y el entonces apuesto matador paseado entre aclamaciones delirantes. "¡Viva *el Palmero!*" Las boinas volaban al aire, "¡Viva *el Palmero!* ¡Viva el *Rey del Volapié!*"[33] Y el traje de luces resplandecía como una imagen, en andas de esa muchedumbre de una austeridad casi jesuítica.

La calle Amparo les había llevado hasta el Pasaje de Viriato, y el extranjero reconoció la fachada roja de esa iglesia donde había llegado la víspera por la noche. Pero su conductor quería mostrarle algo más todavía.

—Aquí, en este que se conoce en el barrio por Corral de San Juan de la Palma, habita, cuando viene a Sevilla, Sem Rubí, el pintor que dicen le ha robado la paleta al sol. Y, por el atajo más corto y más interesante, ya ha llegado usted, señor cura, adonde pedía que le condujera. ¿Va usted a tardarse, o quiere que lo espere?

—Es venida sin vuelta —agradeció el sacerdote— porque aquí estamos en mi curato, Pedro Miguel, y, para lo que quieras, en tu casa.

El trianerillo se dio una palmada en la frente.

—¡Debiera haber comprendido que era usted el nuevo párroco! Vaya, de todos modos, hasta la vista, señor cura, y bienvenido, bienvenido a mi Sevilla.

---

[33] Volapié: forma de dar muerte a los toros en la tauromaquia.

II

—¡Curiosa Sevilla! —repitió don Ignacio Deusto, mirando distraído a su criada, que untaba las tostadas para el chocolate.

Como todos los días, desde hacía una semana que habían llegado de las Provincias Vascongadas, había dicho misa a las siete y después había pasado algunas horas en el Confesonario. Y debían de ser las confidencias oídas durante esas largas horas en ayunas las que ahora, ya con el codo apoyado en el mantel y viendo evolucionar en el comedor a Mónica, lo hacían pensar en voz alta delante de ella: "¡Curiosa Sevilla!"

Pero Mónica no era una criada, sino la criada de los Deusto, desde el tiempo en que el señorito Íñigo entró en el Seminario de Guipúzcoa.[34] A cada salida, éste volvía a encontrarla formando parte del hogar. Ella había asistido a la madre, hasta su muerte; ella, después, había secundado a su hermana en el gobierno de la casa. Y el seminarista había llegado a no pensar si esa vizcaína, como él, era joven o vieja, y ahora sobre todo, que los unía un común destierro, el cura seguía siendo como un niño delante de la mujer breve y solícita.

Mónica tampoco sabía exactamente lo que significaba para ella don Íñigo. Huérfana y entrada desde muy pequeña al servicio de los Deusto, no había conocido, puede decirse, otro hogar. La hermana y el hermano habían crecido a sus ojos; era ella la que había, si no compartido, vigilado sus juegos. Tal vez hubiese podido tener novios, tal vez hubiera podido casarse y formarse una familia. Ella no lo pensaba siquiera. Cuando faltó la madre fue preciso hasta cuidar la hacienda para que el señorito pudiera concluir sus estudios y ordenarse; fue preciso servir de respeto a la niña soltera; y cuando ésta se casó, tan a disgusto de su hermano,[35] le pareció lo más natural convertirse en su ama de llaves. En el fondo, no sólo le quería, sino que le veneraba, por todo: por las injusticias que había soportado de la suerte, y que la sublevaban, por su vieja estirpe y su carácter sagrado y hasta por su talento de músico. La éuskara encontraba reunidas en su amo las cualidades

---

[34] Tal vez la Facultad de Teología de la Universidad de Deusto, sede San Sebastián (Donostia, Gipuzkoa), o el Real Seminario de Bergara.

[35] Una nota recurrente en la obra de d'Halmar es la ruptura producida entre él y Fernando Santiván cuando éste se casó con su hermana Lena. Para la versión de Santiván, véanse las *Confesiones de Santiván* (1958, reedición de 2016 de la Universidad Austral de Chile).

del hombre de su raza, adusto tal vez, pero probo y austero, y lastimada ella también en sus costumbres por las de ese pueblo casquivano entre el cual se habían venido a vivir, compartía los disgustos del rector, pero no los excusaba como él.

—Bien puede usted decirlo, señor cura. ¡Vaya una ciudad y vaya unos habitantes! —exclamó después de un silencio, colocando junto a la jícara el plato de panecillos dorados y olorosos.

Sin embargo, no podían negar que se estaba muy bien en la casa parroquial, donde, casi inmediatamente, los objetos habían tomado un vago aspecto de *allá*. El comedorcito, sobre todo, con sus visillos encarrujados como roquetes y su vajilla de filo en los vasares, les procuraba casi la sensación de su casona de Algorta,[36] y, en el fondo, el cura Deusto esperaba ver extenderse esta transformación hasta otras cosas. Trayéndole desde sus lejanas Provincias, el nuevo diocesano demostraba que, mientras el clero andaluz, con musulmana tolerancia, había mirado sólo por la honra del culto y el provecho de sus ministros, él quería evangelizar su sede, no tanto por la palabra como con el ejemplo de los párrocos.

—¿Se puede? —inquirió alguien desde el patio.

Deusto esbozó un movimiento de malestar, porque le costaba menos tenérselas con sus feligreses que con su propio coadjutor. En vez de introducirle, Mónica había hecho mutis, dando un portazo.

Entonces se insinuó en el comedorcito la regocijada persona del sotacura[37] y su sotabarba,[38] con una salud y una sotana relucientes y a toda prueba. Ya desde hacía algunos lustros venía desempeñando su cargo en San Juan de la Palma, como aquellos validos que, pudiendo tal vez aspirar al trono, prefieren gobernar desde sus gradas; sin asumir la responsabilidad, don Palomero, tan complaciente como campechano, ejercía un poder de gran eunuco sobre el serrallo de la parroquia, antaño también mezquita, en santa alianza con el ama de cada cura que se había sucedido, y se necesitaba el genio montaraz de Mónica para no haberse dejado seducir por ese ente como amorfo, casto, seboso e intemperante, presto a apurar hasta las heces todos los cálices, e igualmente expedito para despachar una misa de *requiem* que para rebozar una fritada de pejerreyes del Guadalquivir.

—Vengo de la iglesia —empezó don Palomero— donde dejo a un electricista ocupado en retirar todas las bombillas de la instalación. ¿Va usted a hacerlas cambiar por otras de mayor voltaje?

Deusto miró un instante a su segundo, y después llevó los ojos a reposarse en las macetas, que convertían en una plataforma cada alféizar.[39]

---

[36] Localidad en la municipalidad de Getxo o Guecho en la provincia de Vizcaya. Está en la desembocadura del Río del Nervión o Bilbao.

[37] Capellán del cura párroco.

[38] Papada, nota irónica por la semejanza entre "sotacura" y "sotabarba".

[39] Nótese el uso del vocabulario árabe: alféizar (parte de abajo de la ventana) del árabe alháyza.

—Creía —explicó distraídamente— que el otro día habíamos decidido suprimir luces y flores artificiales. Usted había aprobado en principio mis renovaciones.

—Porque creía que no se llevarían a cabo —adujo a su vez el otro— y que usted mismo se daría cuenta que van contra el progreso y la economía. ¿Será usted el que abone la diferencia de costo entre uno y otro alumbrado?, sin contar con que el Consejo de Fábricas no verá con buenos ojos que se desmodernice la iglesia; ¿será usted todavía quien, día a día, entretenga los candelabros y floreros?

Deusto volvió a mirarle fugazmente.

—Hay —dijo— una legión de piadosas mujeres que han, por así decir, establecido su obrador en San Juan de la Palma, y hasta sobre los altares componen con trapos y alambres esos ramos polvorientos que huelen a anilina. En cambio de tanta labor, y puesto que estamos en tierra florida, las pediremos nos procuren de cuando en cuando algunas frescas brazadas de sus arriates, y, efectivamente, seremos nosotros, con los sacristanes, en la intimidad del servicio, los que nos cuidaremos del ornato.

—¿Y por qué nosotros en persona?

Deusto, que sonreía vagamente al cielo por la ventana, se volvió por completo hacia su contrincante.

—Porque me parece más propio —precisó con sencillez.— En la casa del Señor no deberían andar manos profanas, y creo que nos bastamos para servirla.

—Según eso. . . —tanteó con cautela don Palomero—. ¿Tampoco las Cofradías podrán organizar en el presbiterio sus reuniones?

—Usted lo ha dicho; pero les queda la sala capitular.

—¿Y, cuando vengan a ensayar los coros?

—Ese es otro de los puntos que yo había tenido ya el gusto de someterle —interrumpió el cura Deusto—. Usted sabe, como yo, que las voces femeninas quedaron excluidas de la liturgia, y yo he decidido cambiarlas por cantores pagados.

—¿De qué fondos?

—De la parroquia, don Palomero.

—¿Ha pensado usted, señor cura, en que estas innovaciones pueden entibiar a las devotas y malquistarnos con sus maridos?

—¡Que quiere usted! —expuso con seriedad el vasco—; yo no puedo admitir que la iglesia sea una especie de cooperativa en que los accionistas tienen derecho a descuento y a repartirse dividendos espirituales. Pienso, además, que somos nosotros, los pastores, los que debemos guiar y no seguir al rebaño.

—Perfectamente —terminó, poniéndose en pie, don Palomero— ¿pero se ha aconsejado usted para estas decisiones?

—Conmigo mismo, y habiéndolo hecho con usted, repito que nos veía ya de acuerdo.

—¡Oh, yo! —protestó el sotaministro, alzando los brazos—. Yo quería decir con las damas patronesas y, en último término, con autoridades y competencias más altas.

—Las damas patronesas no tienen voto sino en sus Patronatos, y en cuanto a nuestros superiores, estoy autorizado para proceder de acuerdo con los cánones.

—Entonces no he dicho nada —resumió don Palomero, replegándose prudentemente—. En la vicaría me encontrará cuando guste.

Iba a retirarse. El cura Deusto cedió a un impulso generoso.

—¿No le he lastimado a usted? Dígame que en el fondo pensamos lo mismo.

—Pero ¡quién lo duda! —exclamó el sevillano, volviendo los ojos al cielo, como para invocar su testimonio—. Cuanta objeción pueda hacerle debe usted tomarla como de quien viene y, sobre todo, como una muestra de mi celo para secundarle. Vaya, hasta la vista, don Ignacio, y no dude de la fidelidad sevillana, como que por algo conservamos por divisa el *no m'a dejado* de Don Alfonso el Sabio.[40]

—Vaya usted con Dios —contestó el cura Deusto.

Se había puesto también en pie para despedirle, y un largo rato después de que se había ido permaneció con los brazos cruzados y los ojos fijos en un punto incierto a través de los cristales del jardín. El clásico patio andaluz estaba allí, del otro lado de las ventanas, al pie del comedorcito arreglado al estilo vasco. Bajo el áureo disco del sol era, con sus azulejos, un pozo de frescura. Era una pajarera calada. Era también un pabellón árabe, con sus ojivas sobre frágiles columnas, con sus macetas de claveles, sus veladores como escabeles incrustados y sus mecedoras para las horas de la siesta. Pero, con su surtidor en cuenca de mármol, como una pila para las abluciones, era sobre todo una miniatura de mezquita implantada en el corazón mismo de cada vivienda cristiana. Un roce le hizo volverse, y vio a Mónica que le observaba.

—Sí —dijo él, como respondiendo—. Sí, mi pobre Mónica.

La vizcaína calló tácitamente. Luego, pareciendo hacerse violencia, dijo:

—Hay *alguien* que pregunta por el señor cura.

—Que me espere en la vicaría.

—Es que dice que *usted* le ha hecho venir aquí.

Iba el sacerdote a asombrarse, cuando súbitamente cruzó por su mente un recuerdo.

—¿Es… un niño?

—Si usted quiere —respondió ella con parquedad.

Hubo otro silencio. Los pájaros cantaban fuera, estimulados tal vez por la música perlada del juego de agua; dentro, el gran horologio traído de *allá,* y que había cantado secularmente las horas de la familia, se adormecía en el zumbido de avispa de la mañana primaveral. Ignacio Deusto debía recordar muchas veces esa pausa en su vida.

Había vuelto a quedarse solo, y tan absorto, que casi le hizo estremecer una especie de carraspera a su espalda. El reloj de los Deusto iba a tomar la palabra. Unas tras otras sonaron, inesperadamente claras, las diez. El antiguo péndulo conservaba su alma

---

[40] NO8DO, lema del ayuntamiento de Sevilla, descifrado tradicionalmente como "no-madeja-do" (el 8 tiene forma de madeja), acrónimo por "no me ha dejado", referencia a la fidelidad de Alfonso X el Sabio por la ciudad.

vibrante. En ese segundo preciso resonaron las baldosas del patio y una silueta obscura se interpuso por un instante al día.

—Sí, soy yo —afirmó, también como si le hubiese interrogado, el muchacho—. No he tardado mucho en acudir, y, sin embargo, he tenido que contenerme para no hacerlo antes. Todos estos días me prometía a mí mismo: Hoy irás a San Juan de la Palma. Y, efectivamente, más de una vez vine, pero me contentaba con rondar alrededor, esperando que una casualidad le hiciese a usted distinguirme, reconocerme y llamarme.

Hablaba volublemente, amasando entre sus dedos, desproporcionadamente finos, su boina. Sus manos estaban descuidadas, como las de casi todos los niños, pero parecían talladas por esos escultores religiosos sevillanos, que sólo hacían la cabeza y las manos de los santos destinados a ser vestidos, y que ponían en éstas, sobre todo, una atormentada pasión.

Y como el sacerdote guardase su mutismo:

—¡Oh! Ya sé —afirmó con vehemencia el gitanillo— que usted ni siquiera me esperaba, que me había invitado por la forma. No importa, aquí estoy y aquí querría quedarme.

Deusto le escrutó sorprendido y casi desconfiado.

—Para eso he venido. Me dije: el señor cura forastero no sabrá escoger ni manejar sus monacillos. Y como este año ya quedo de más en la Catedral, me sería igual venir a su parroquia.

Y adivinando una vacilación, y antes que se le pusiera objeciones:

—¡Oh! ¡Quedaría usted tan contento de mí y yo tan agradecido de usted! En casa no me pueden guardar sin hacer nada, y desde los siete años yo no he aprendido sino para infante de coro; pero, en cambio, desde ayudar a todas las ceremonias hasta cantar en todos los oficios, ¡que no puedo yo desempeñar! Además (y ésta es la razón a la postre), deseo tanto que usted consienta... Desde que vine a dejarle no he podido pensar en otra cosa.

No tartamudeaba, ni buscaba sus frases. Su desparpajo parlero tenía algo de los pájaros, que en ese mismo momento gorjeaban hasta desgañitarse en el patio. Y con todo no parecía desenfadado, sino gentilmente desenvuelto, con ese algo de belleza tan libre que sólo conservan los gitanos.

—Yo no sé si puedo ... —titubeó Deusto, cogido así al improviso—. San Juan de la Palma tiene también sus coristas, y no es cosa de llegar despidiendo a los que forman el personal desde siempre. Tendría que consultarme con el coadjutor..., que hablar con el sacristán.

—Entonces no hay nada— dijo Pedro Miguel, con un extraño tono de desengaño.

—¿Por qué?

—La preferencia del Provisor ha hecho que me miren con malos ojos muchas personas, y temo que su coadjutor y su sacristán sean de ésas. Es cierto que yo hubiese podido hacer que él mismo me recomendase, y entonces habrían tenido que agachar la cabeza todas; pero prefería entrar en su curato así, por su valimiento, señor cura, por el poquito de interés con que usted me trató la otra tarde.

Deusto, ganado ingenuamente por el niño, calculó, para contentarle, sobre otro golpe de audacia. Sin embargo, la idea de Mónica, tan rigorista y tan poco dispuesta en favor de esa raza, le dejaba cohibido.

—¿Y si te vinieses aquí, a esta casa, a mi servicio particular? —propuso al fin, decidiéndose—. Siempre podrías ayudar en la iglesia, sobre todo ahora que emprendo reformas. Pero tendrías que ser muy dócil con mi ama de gobierno, que es verdaderamente una gobernanta, y yo no podría hacer nada por ti si incurrieses en su desgracia.

El muchacho, alborozado, parecía refractar en sus pupilas todos los reflejos dispersos. Y por primera vez permaneció mudo, como si el contento hubiese agotado su facundia.

—¡Mónica! —llamó Deusto.

Los ojos del *Aceitunita* se volvieron inquietos hacia esa puerta por donde iba a penetrar el árbitro de su destino.

—Quería preguntarte —dijo el cura al verla comparecer— si te sería útil un asistente, alguien que lo mismo podría servir para la iglesia que para la casa.

Pero la servidora de los Deusto conocía demasiado a su señor para engañarse sobre el valor de la pregunta.

—Ya usted lo ha decidido y no me toca sino aceptarlo, señor cura —dijo con un tono inesperadamente dócil y en que no sonaba ningún reproche.

—Si es así, ocúpate hoy mismo de su instalación, y tú, Pedro Miguel, ten presente que, para todo, Mónica es como yo mismo.

Una imperceptible ironía resbaló por los labios del trianerillo y, sin mirar a la dueña, descaradamente plantó de lleno sus grandes ojos celestes en los ojos profundos del nuevo amo.

III

Esa noche del primero de mayo debía darse comienzo al Mes de María, y durante toda la jornada había sido un incesante ir y venir entre la iglesia y la casa del cura. El sacristán *Pajuela,* con sus dos monagos, los gemelos Cosme y Damián (vulgo *Pelusas* y *Miajita*) no hacía sino recibir de manos de Mónica manteles recién almidonados, bujías o flores que, subidos en la escala, componían Deusto y Pedro Miguel, mientras *Carracas,* el viejo campanero, recogía los despojos con grandes palmas a guisa de escoba. Iban a dar las siete y en la oficina parroquial don Palomero y el oficial que asentaba las partidas de la curia languidecían sobre los grandes registros, quejándose de que el cura les atribuyese toda la carga, por correr con arreglos que hasta entonces habían sido de la competencia de las beatas. Tampoco éstas habían dejado de venir a traer sus dolencias a la vicaría, ya que no podían entrometerse en el santuario, y más de una había hecho malos augurios, delante del coadjutor y su amanuense, de que ya no se las juzgase dignas ni de servir, como Marta al Señor, en los más humildes menesteres.

Deusto, con la sotana remangada a la cintura, saltó abajo de la escala, y sacudiéndose una contra otra las manos polvorientas, abarcó, retrocediendo, su obra ya concluida. El sacristán y los acólitos disponen en la sacristía los paramentos y sobrepellices. *Carracas* se había marchado apresuradamente a cenar. Cerca de él sólo quedaba *el Aceitunita,* callado y atento a sus gestos.

Y en silencio se extasiaron en la contemplación de aquel edificio de cirios, que sería muy luego un castillo de fuego, de aquella montaña olorosa, jacintos o narcisos, que resbalaba desde las plantas de Nuestra Señora, perdida allá arriba en una niebla de amanecer, entre albos tules y estandartes celestes, con una constelación de estrellas por aureola, un ancla de oro por pedestal, y, por fondo, una inmensa paloma de gasa, cuyas alas desplegadas parecían las suyas, atributos los tres de las virtudes teologales.[41]

Azur en campo de plata. La iglesia había sido empavesada con los colores marianos y grandes blasones de la M. de su inicial en una corona de rosas, sujetaban a la bóveda aquellas colgaduras que revestían las pilastras, cuya base desaparecía, a su vez, entre macizos de lirios morados y blancos; festoneaba los travesaños del artesonado un reguero

---

[41] Fe, Esperanza y Caridad.

de luminarias entre una guirnalda de gallardetes; y un perfume también de lilas, las lilas lilas y blancas, tejía en el santuario esa atmosfera primaveral que podría llamarse de Mes de María.

—¡Cuando esté todo encendido, Pedro Miguel! —dijo el cura en voz baja—. ¡Cuando arda el incienso y retumbe el órgano, y después, cuando comencéis vosotros!—

"Vosotros" era uno de los encantos de la fiesta. Un cuarteto a voces solas, de Iruarrizaga,[42] ensayando pacientemente bajo la dirección de Deusto, por Pedro Miguel, que llevaba el cantante, y por tres hermanos, conocidos por *los Magos Ciegos de Sevilla*, contratados para hacerle coro. Todo el fervor del sacerdote y toda la pasión musical del vasco se habían confundido en esta tentativa, y agrupados alrededor del órgano habían pasado sin sentir las horas de muchas tardes, llenándose las naves desiertas con el concento del soprano del niño y del tenor, el barítono, y el bajo, de esos desvalidos casi tan pueriles como él. Melchor, el más viejo, que tenía ya la barba blanca, conservaba, sin embargo, un timbre argentino de adolescente; Gaspar guardaba una impasibilidad sonámbula, mientras las notas intermedias del contralto fluían sin esfuerzo de su pecho y refluían de su garganta; Baltasar, el menor, entonaba con un acento y una expresión terribles. Y Deusto, que marcaba el compás, casi veía confundirse en la penumbra sus cabezas con las de los extáticos que poblaban los ventanales y que el ocaso del sol nimbaba gloriosamente.

Pedro Miguel no dijo nada, como cada vez que un asunto no excitaba su labia. Familiarizado de todo tiempo con las cosas de Iglesia, como ocurre a casi todos en su caso, había ido perdiéndoles el respeto. Había visto a deán y sochantres[43] hacer como autómatas sus genuflexiones y recitar maquinalmente jaculatorias, cuya letra había matado al espíritu. Estaba, por decirlo así, demasiado entre bastidores para interesarse por el espectáculo. Y he aquí que en esta pequeña parroquia, junto a este vicario extranjero, todo comenzaba a recobrar a sus ojos su prestigio, por el mero hecho de que se interesaba a todo. El calor con que Deusto llenaba sus funciones las impregnaba de una dignidad esencial y devolvía su significado a esas ceremonias que, como el Santo Sacrificio, son simbólicas hasta en sus menores detalles. El trianerillo asistía ahora cotidianamente la primera misa, cuyos fieles, por ser los más humildes, eran también los más penetrados de sincera piedad. Desde que en la sacristía, a la luz rojiza de una bujía en la lividez del amanecer, ayudaba a revestirse al celebrante, el alba, el amito, el cíngulo, el manípulo, la estola o la casulla,[44] se animaban con otro aspecto que el de simples atavíos, y una vez en el altar, el latín mismo, dejando de ser un balbuceo sin ton ni son, se hacía musical y solemne. *Introibo ad altare Dei. Ad Deum qui laetificat juventutem meam.*[45] (Al Dios que

---

[42] Luis Iruarrizaga Aguirre (1891-1929), compositor español, miembro de la Congregación de Misioneros del Inmaculado Corazón de María.

[43] Sochantre: el que dirige el coro.

[44] Diferentes partes de la vestimenta clerical.

[45] Frases del Missale Romanum: el cura dice "entraré al altar de Dios. Hacia Dios que alegra mi juventud".

alegra mi juventud). *Initium Sancti Evangelii Secundum Marcum: In illo tempore dixit Jesus discipulis suis…*[46] Eran después los sortilegios esotéricos del ofertorio y la consagración: *Hoc est enim corpus meum, hic est enim sanguis meus,*[47] y, sobre todo, ese *pater noster,* en el instante inmediato de la consumación, cuyas humanas invocaciones parecían subir a un cielo casi hecho visible y comunicar con la Divinidad. Venía después el *Ite missa est;*[48] la concentración del *benedicat, y* luego el paso, como ninguno solemne, para Pedro Miguel, en que veía volverse un Deusto casi más grande, seguramente transfigurado, y esbozar con amor sobre las cabezas inclinadas, en nombre del Padre, del Hijo, y del Espíritu Santo, el amplio signo de la cruz. Ese ademán, sobre todo, lo acechaba *el Aceitunita,* y era cada vez con más recogimiento que a su turno se persignaba, como si los efluvios de la bendición le hubiesen tocado y redimido con su gracia.

Pedro Miguel volvía a pensar ahora en estas cosas, compartiendo el infantil transporte del sacerdote ante ese altar de gala. Las flores, lo mismo que los adornos, las luces o la música, a todo se entregaba de todo corazón Deusto, siendo de esos temperamentos que llegan a parecer apáticos en fuerza de sensibilidad. Y el sevillano comenzaba a comprender que los hombres del norte, ensimismados y parsimoniosos, guardasen una reserva de apasionamiento.

En la cerrada iglesia desierta, el aroma de las flores formaba casi un alma. La tarde había ido cayendo, y sólo la lámpara sacramental se debatía como asaltada por las sombras. La campana sonó a oraciones; apresuradamente el clérigo compuso sus vestiduras talares y se dejó caer sobre las gradas del comulgatorio.

—*Angelus Domini nuntiavit Mariae.*

—*Et concepit de Spiritu Sancto*[49] —respondió en un murmullo la voz infantil.

Permanecieron así, postrados en la obscuridad creciente. Pedro Miguel se sentía invadir por un suave deseo de llorar, y sin saber lo que hacía se cogió a la mano que pendía a su lado y la oprimió contra su corazón.

Y Deusto, abandonándosela, pensaba vagamente que ese taciturno *ángelus* a los pies de la Purísima Concepción, y junto a un niño, debía de ser la felicidad.

Se fueron a su vez a cenar aprisa, el uno frente al otro, pues desde el primer día, y casi sin saberse cómo, el muchacho había pasado a ocupar en el hogar una posición provisional, por lo mismo que mal definida. Sea que le conceptuase por encima o por debajo de la servidumbre, Mónica había rehusado tratarle en subalterno, sin por eso distinguirle abiertamente como comensal, y su actitud le hacía sentirse, a la vez, más y

---

[46] "In illo tempore dixit Jesus discipulis suis" (en ese tiempo Jesús dijo a sus discípulos) es una frase frecuente en los Evangelios.

[47] Marcos 14:24, "ésta es mi sangre". En la Vulgata no aparece la palabra "enim", verdaderamente. Marcos 14:22: "éste es mi cuerpo".

[48] Últimas palabras de la misa, quiere decir "Márchense, ella [la iglesia] se ha enviado".

[49] Del *Breviarium Romanum:* "El ángel del Señor anunció a María que ella concebirá por obra del Espíritu Santo". Aquí hemos corregido varios errores en el texto en latín que aparecen en ediciones anteriores: "Santo" por "Sancto", "muntiavit" por "nuntiavit", "concept" por "concepit". Estos detalles (salvo "Santo" por "Sancto") son correctos en la edición de 1924.

menos que un domestico. El cura, por su parte, entreteniéndole en asuntos de que no ponía al cabo a su propio teniente-cura, había contribuido a esta confusión, y en rigor, el papel, un sí es no es clandestino de Pedro Miguel, podía ser el de un prosélito.

Cenaban, pues, afiebrados, repasando Deusto en su memoria los términos de su platica, y el cantorcillo vocalizando mentalmente el solo que debía interpretar. Mientras tanto habían sido echadas a vuelo las campanas, y precisamente don Palomero hizo su entrada en el comedorcito, por la primera vez mientras el cura estaba a la mesa con Pedro Miguel. Invitado en raras ocasiones a participar este honor, no pudo contener su asombro.

—¡Como! —manifestó en voz alta—. ¡El chavalillo le hace compañía, señor cura? Es un familiar que vale seguramente cualquier otro, y por mi parte adoro la democracia de vuestras costumbres vascongadas. ¿Permite usted que tome asiento un instante? Los *Ciegos* acaban de llegar, y como he debido instalarlos yo mismo, la escalera del coro me ha cortado el resuello. ¡Quiere usted echarme un vaso de agua, doña Mónica?

El chico, indeciso, había comenzado por ponerse en pie y había concluido por volver a sentarse; pero esta vez se adelantó a servir al coadjutor.

—La iglesia se ha llenado apenas abierta y todavía iluminada del todo —continuó don Palomero, sin dar las gracias y enjugándose los labios con el reverso del mantel—. Su sermón, por una parte; por otra, el anuncio de la música, y, sobre todo, las voces que corren sobre el engalanamiento, han hecho acudir fieles hasta de las más alejadas parroquias. Al venir he visto al cochero del conde de Galindo y a las sobrinas del canónigo Sanlúcar, a quien llaman *Vitriolo,* por mal nombre. Pero, con todo, hay menos mujeres que hombres, señor cura, y, aunque de cada casa haya venido alguien, faltan nuestras más asiduas parroquianas.

Impaciente por concluir y levantarse, Pedro Miguel había mirado a hurtadillas a Deusto.

—Eso es —dijo este asintiendo—; vete al coro, Pedro Miguel, y desempéñame como si yo estuviera.

Le había seguido inconscientemente con los ojos al salir, porque daba placer verle tan gracioso y tan dispuesto. Don Palomero sorprendió esta mirada.

—Es el caso de decirlo: se ha colado en su privanza como Pedro por su casa —hizo notar riendo.

El cura le[50] miró a su vez, un tanto extrañado.

—Aquí, don Palomero, no habrá nunca favoritos —dijo lentamente—; pero en cambio serán bien venidas todas las buenas voluntades.

Atravesaron juntos el patio y, pasando por detrás del santuario, penetraron en la sacristía, donde aguardaban ya dos capuchinos.

Entonces, mientras los otros tres sacerdotes revestían la capa pluvial y las dalmáticas de oro; mientras los acólitos, con sotanas azules y roquetes blancos, se arremolinaban

---

[50] Otra instancia del leísmo peninsular. Son numerosas, así que dejaré de señalarlas.

encendiendo los ciriales, y el sacristán balanceaba el incensario a todo vuelo para hacer prender sus carbones, Deusto, habiendo vestido una sobrepelliz y una estola, salió el primero, y, los ojos entornados, fue a arrodillarse en el rincón más apartado del ábside. A espaldas suyas, se elevaba de la multitud un murmullo entrecortado de toses discretas; otro, como cuchicheo musical, que se cernía por encima, indicaba que ya el órgano se afinaba en sordina, y en el campanario mudéjar, *Carracas* y sus ayudantes debían de continuar repicando; pero el son de las campanas apenas penetraba en el templo, al cual convocaba hasta tan lejos.

El tintineo de las campanillas y las voces que entonaban el *Pangue Lingua*[51] le hicieron alzar la cabeza, y cuando se levantaba el velo del tabernáculo pudo contemplar en todo su esplendor la obra de sus manos, ese altar como de día de Corpus, pero dominado por la celeste figura de la Inmaculada, todo inflamado, como una apoteosis, como él lo había imaginado en sus entusiasmos. Sus meditaciones cedían el paso a una fervorosa exaltación, y fue casi sin saberlo cómo se encontró en ese púlpito desde donde, por la primera vez, iba a comunicarse con su familia espiritual.

Había preparado esa que él quería entre arenga y plegaria, las palabras que en la tierra de María Santísima iban a hablarles a aquellos creyentes, un tanto paganos, no de la idolatría por la Pureza, como ellos la llaman, sino de la veneración que debe causarnos, del refugio que es en medio de tamañas concupiscencias ese espejismo de una isla de castidad, creada por nuestra fantasía con las nubes y más real, en las profundidades imaginarias del Horizonte, que todos los archipiélagos construidos de roca y rodeados por el océano. Las sensaciones de eterna poesía que puede poner el frío de la luna en el escalofrío de las aguas o la luz absorta del lucero sobre la tierra comenzando a desenredarse de las telarañas del amanecer. Quería tratar también de esa Musa celestial que, mejor que todas las Beatrices[52] y las Fornarinas,[53] había inspirado a tantos artistas, cuya banda bordada con su cifra, habían ostentado sobre sus arneses muchos campeones; y deseaba invocar a esa Confesora Suprema que, en los combates de las armas o de la vida, se había inclinado en una aparición sobre los vencedores o los vencidos, indistintamente sobre todos los moribundos, y había encarnado, no en carne, sino en ensueño, las madres, las esposas o las novias ausentes, la mujer y el amor. Los nautas que agonizaban lejos de todo, y no con la cara al cielo, sino en el moridero sofocante de las calas, sabían qué aliento renovaba el aire en el instante en que ellos iban a cesar de respirar. Pero no era por esta asistencia en el trance del morir por lo que debía loarse a la Virgen, sino, y sobre todo, porque el candor que aun nos resta y que hace soportable el mundo, proviene del culto que cada adolescente le ha consagrado a Ella, nuestro primer amor, y que las decepciones, los

---

[51] *Pange, lingua, gloriosi corporis mysterium* (Canta, oh lengua, el misterio del glorioso cuerpo), himno escrito por Tomás de Aquino (1225-1274) y entonado en Corpus Christi, también cantado el Jueves Santo (tal vez en anticipación del final de la novela).

[52] Beatrice Portinari (1266-1290), musa de Dante Alighieri.

[53] Nombre que se le da a una mujer que posa para Rafael en varios cuadros, al parecer Margherita Luti, hija de un panadero (de allí, lo de la harina).

contrastes, los fangos de la realidad y de la experiencia, no hacen sino arraigar más tarde en la intimidad del corazón, a la espera del Milagro, y con todo el ansioso imposible de esa mentira que es, a la postre, única razón de vivir, y que se llama el Ideal.

Sin embargo, arrebatado por la inspiración del momento, el panegirista olvidó casi los períodos oratorios tan laboriosamente calculados, dejó desbordarse esa fuente que hay sellada en nosotros, y la magia de la voz, que traducía sus sentimientos, amparándose de sus oyentes, los oficiantes en el altar, los músicos en el coro, el gentío que se apretaba contra la sagrada cátedra o se agolpaba, sin poder entrar, a las puertas de la iglesia, todos experimentaron la misma fascinación; y ahora sí, el altar florecido y constelado de luces, parecía un monumento elevado por todos a esa virtud cuyo nombre hasta nos hace sonreír, que cada día escarnecemos, pero la secreta aspiración a la cual es el mejor testimonio que puede darnos nuestra alma.

Cuando concluyó no pudo quedarse postrado, como hubiera querido, con la frente contra los bordes del púlpito y oír desde allí la *Cantiga a la Madre de Dios.*[54] Temía no resultase sin su presencia, y por entre las gentes que levantaban el rostro para mirarle con sincera admiración, se abrió paso hasta la escalerilla del coro.

Sólo se esperaba su llegada para comenzar, y cuando golpeó con la batuta, los cantores también volvieron hacia él los ojos, aunque sólo los del *Aceitunita* podían verle. Y el *magister* recibió una extraña impresión bajo la mirada de todas esas pupilas sin luz y de aquellas diáfanas del niño; la impresión descorazonadora de que todo el afanoso anhelo de su platica venía a realizarse entre ciegos y párvulos, muy por encima de la masa obscura de las gentes, en el coro de la iglesia.

Allá abajo, como en un vacío imposible de salvar, refulgía el incendio del altar mayor, y ahora, acá arriba, las voces se mezclaban, o se interrumpían, para dejar elevarse solitaria la voz de Pedro Miguel, o volvían a realzarla para que, como sobre una sombra discreta, se destacara su juventud, como rutilante custodia en el momento de la bendición. Era todavía indecisa, esa voz, como si participara de los dos sexos, incierta a veces, como colocada entre las dos edades; su blanca unción ya se coloreaba de enternecimiento; con arranques bárbaros y extinciones de falsete, ese himno de amor piadoso conservaba algo de islamita; la voz de un neófito-efebo, ambigua, y por lo mismo, de un misterioso encanto.

Y mientras cantaba, sin separar los ojos de Deusto, que llevaba el compás, con un movimiento semejante al de ese anochecer, pero más inesperado y mucho más inexplicable, puesto que no estaban delante del altar, casi por encima de los ciegos, doblemente absortos en la música, el taimado volvió a apoderarse de una mano de su amigo y la retuvo mientras duró el coro. Su contacto parecía infundir a su acento ese algo magnético que soplaba casi perceptiblemente a la nuca de los fieles y estremecía la epidermis como la vibración del órgano en las espaldas.

---

[54] *Cantigas de Santa María* de Alfonso X el Sabio. Hay varias dedicadas "A Madre de Jhesu-Cristo".

Un confuso malestar había ido apoderándose del ánimo de Deusto que concluyó por substraerse casi con brusquedad a la caricia del niño. Y como habían concluido ambos ayudaron a descender a *los Magos Ciegos,* mientras la asistencia se dispersaba y en el altar apagaban ya las luces. Alguien les detuvo al pie de la escalera.

—Soy de la parroquia, bautizado y confirmado en ella, y me voy orgulloso de nuestra fiesta, señor cura— dijo un hombre casi anciano, pero que, con un bizarro garbo, se embozaba ya para salir.

El cura saludó sin responder.

Pero *el Aceitunita* oprimió convulsivamente su brazo, y con una emoción que le sofocaba:

—Es *el Palmero*, y ha oído su sermón. ¡Qué contento estoy, señor cura!

—En tal caso, también te ha oído cantar, tu *Palmero*—dijo cómicamente, el sacerdote.

Su inquietud se había disipado, y como el ama viniese a su encuentro, lo picaresco de su carácter volvió a sobreponerse.

—¡Mónica!—le grito con malicia—. ¿No es cierto que "hemos" sacado premio los dos?

La vizcaína, poniéndose sombría, no pudo contenerse:

—Sólo a usted, señor cura, podían ocurrírsele estas comparaciones. Pedro Miguel ha cantado como un chico que es; usted ha predicado como un ángel.

Atisbándole de reojo, Deusto vio demudarse ligeramente al cantorcillo, y pensó que ya tenía, al menos, por lo pronto, la susceptibilidad del artista.

IV

¡Artista! Noche a noche, durante el Mes de María, la concurrencia se renovó en San Juan de la Palma para oír al pequeño prodigio. Y para Pedro Miguel, que desde su primera infancia venía cantando en iglesias, pero confundido con otros, era por primera vez su éxito, aunque no le hubiesen visto ni nadie fuera admitido al coro. Con más ahínco que nunca se aplicó al solfeo, y apenas si él y su maestro se daban tregua solicitados por obligaciones tan varias.

Entre todas, Deusto gustaba también particularmente de la hora que le permitía repasar sus propios estudios. Ya muchacho, la música había sido su pasión. Recién ordenado, había creído poder entregár sele por entero, y no sólo había orquestado aires populares y motetes varios, sino que había organizado filarmónicas para presentar en las capitales de las Tres Provincias la música de ese otro padre San Sebastián, también vascongado.[55] Pero soñaba, sobre todo, con misas gregorianas o ingenuos motetes ejecutados por voces blancas solas, una capilla de doscientos o trescientos niños interpretando, como en las iglesias cismáticas, tantos coros sagrados que, desde la decadencia del canto llano, permanecen en España inéditos.

Así, le era grato cultivar la afición y las disposiciones de Pedro Miguel, cuya voz tenía la cálida gama española o árabe. En el comedorcito o, mejor, en el patio, se esparcían sus notas como un llamado sin eco, o, en los trémolos, parecían volver a la garganta como aves al nido. Siempre el salterio del surtidor le hacía competencia, y del otro lado de la plazoleta, secularmente plantada de una palma, de ese corral de San Juan, donde solía habitar el pintor Sem Rubí, y donde había una academia de baile, venía cierto repiqueteo de castañetas que, en las horas meridianas, era como una estridencia de chicharras, como la vibración misma del aire en la aletargadora siesta de Sevilla.

Sevilla, cuyo sentido comenzaba Deusto a desentrañar sin saber cómo desde que el trianerillo, por su mera presencia, estaba allí para comentársela. Muchas veces habían vuelto a recorrerla hasta la Catedral, aunque siguiendo instintivamente el itinerario del primer día, y habían visto la Giralda, a la cual, como pasa, tal vez nunca más se les

---

[55] Probable referencia al músico capuchino José Antonio Zulaika (1886-1956), conocido como José Antonio de San Sebastián, como José Antonio de Donostia o como Aita Donostia, quien comenzó en 1908 como compositor, y desde 1911 como folklorista.

ocurriría subir. ¡No importa! La torre hechizada estaba allí como una mora cautiva, y Deusto había llegado a pensar con *el Aceitunita* que, sin necesidad de regresar de viaje, para saludarla con alegría bastaba con volverla a ver.

Poco a poco habían ido visitando también otros templos, en cada uno de los cuales se custodiaba alguna efigie de talla, portentosa no tanto para los devotos como para los admiradores de la imaginería española. El Crucificado de la sacristía de la Catedral; el señor del Gran Poder, de San Lorenzo; el llamado Jesús del Amor, de Santa Catalina; el Cristo en el Sepulcro, de San Gregorio; y otros Cristos agonizantes o yacentes, y otros apóstoles y confesores, sin contar las Madonas de cada santuario y de cada capilla de santuario, eran las esculturas, particularmente de ese Montañés[56] y su discípulo Martínez[57] o de ese Roldán y su hija La Roldana,[58] que habían dotado el Arte con un tesoro iconográfico único, tallado en madera, pintado y ataviado, pero tan ensañadamente siniestro que, más que en el siglo XVII, parecía haber florecido en plena Edad Media. Tal vez fuera que tampoco había logrado salir de ella España mientras tuvo la Inquisición.

¡Curiosa Sevilla!, era oportuno exclamar. Como si no bastase ese pueblo de «Santos de bulto", cada uno de los cuales tenía su anécdota, su cofradía y su procesión, se recurría a las máscaras fúnebres (como en el hospital de la Caridad, donde se venera la del fundador y donde ese Miguel de Mañara, como un Fausto arrepentido, rejuvenece en su sepulcro para hacer milagros y ser canonizado algún día), o a las momias santificadas (como con el rey Fernando III, de la capilla Real, o la monja del convento de Santa Clara), la misma leyenda de cadáver incorrupto y con olor a rosas, incorporándose cada vez en los anales sevillanos y mezclándose a sus tradiciones galantes. Así más de uno, qué digo, ¡todo el mundo!, asevera haber visto por sus ojos las reliquias de la valiente amazona de Dios que, no habiendo despistado a Don Pedro el Cruel enclaustrándose, tuvo que desfigurarse para arrancar de raíz con su belleza su profano amor; y su rostro, que conserva los colores después de tantos siglos, también conserva las lacras. Y esta doña María Coronel, y aquel don Juan Tenorio, cuya fiesta debiera caer en miércoles de Ceniza merecían, mejor que San Fernando, ser los patronos de la ciudad libertina o macerada donde la música jacarandosa no tiene sino lastimeras estrofas, cantando saetas en su Semana Santa, como bailando seguidillas en su feria. ¡Peste de Ciudad! según Mónica, no preparada para la ironía de semejantes contrastes.

—¡No es que les falte religión, señor cura —le comentaba ella a Deusto—, sino más bien que tienen demasiada y aquí, lo que abunda daña. ¿Son cristianos siquiera? Los trianeros llaman *el Cachorro* al Divino Crucificado. En sus festividades, a veces, se forman bataholas entre los partidarios de la Virgen de la Esperanza, de Triana, *la Gachona*

---

[56] Juan Martínez Montañés, escultor nacido en Jaén y muerto en Sevilla (1568-1649).
[57] Alonso Martínez, escultor nacido en Palencia y muerto en Sevilla (1612-1668).
[58] Luisa Roldán, conocida como La Roldana, escultora sevillana (1652-1706), hija de Pedro Roldán, también escultor (1624-1699).

y nuestros vecinos los de la Virgen de la Macarena; y si no se apedrean las andas, por lo menos las acribillan a coplas a cual más intencionadas. ¿Cree usted que el bautismo les valga para ser cristianos?

Deusto se lo preguntaba a sí mismo, ya que toreros, bandoleros o mozas del partido ofrecían ex votos para ganar la intercesión del cielo en sus respectivas empresas. El propio Pedro Miguel llevaba al cuello un amuleto con su escapulario y si se echaba a temblar como azogado cuando alguien pronunciaba tan sólo delante de él la palabra "serpiente" o, sobre todo, "culebra", y para contrarrestar la suerte replicaba ¡lagarto, lagarto!, calcúlese si se le habría hecho decir, aunque en ello le fuera la vida, qué forma tomó el demonio para tentar a nuestra madre Eva. . .Y todo esto era ancestral, casi no adquirido, como el instinto mahometano de los gatos, que nacen sabiendo cumplir a ciertas horas misteriosas abluciones. Deusto no estaba lejos de creer que si existiesen microscopios anímicos, la masa de la sangre sevillana habría revelado al análisis los más contradictorias bacterias morales.

Con todo, a medida que corría el tiempo, las funciones del día, las veladas de las noches tibias, iba ganando al párroco de San Juan de la Palma una especie de gratitud por su parroquia, pues en vez de seguir sintiéndose desterrado debía confesar que, desde los tiempos ya lejanos en que vivía su madre nunca como ahora había tenido más calor su intimidad. ¡Allá por esos lejanos tiempos, la había soñado tal vez así! Pero la vida se encargó de despertarle a sus realidades.

Era lo que contaba a veces a Pedro Miguel, cuando, con los codos sobre la mesa, oían trajinar en su cocina a Mónica. Se había encendido la lámpara, una lámpara también *de allá,* aunque todavía durara el crepúsculo. Por las ventanas abiertas llegaba el efluvio de las flores como desvanecidas de haberse prodigado al sol. A distancia desmayaba, también adormeciéndose, el chasquido de los crótalos. Muy cerca, el reloj marchaba como un eco de pasos invisibles. Deusto evocaba para el niño sus memorias de la infancia, con un abandono de que se hubiera creído incapaz delante de nadie y que le aligeraba del pasado.

Sí; él había creído posible esta como liga contra la soledad en sus épocas de colegio, cuando hacía con otro seminarista planes para lo porvenir;[59] en aquella camaradería habían encontrado refugio las inquietudes de su adolescencia, las dudas que a veces le asaltaban sobre su vocación, sobre todo esa ansia insaciable de nuestro corazón por compartirse; concluirían su carrera, y, como Pedro María Alday, el otro, era huérfano, la madre y la hermana de Íñigo Deusto constituirían el hogar de los dos jóvenes; llenarían su ministerio sin separarse, harían mucho bien, su común afición por la música contribuiría a vincularlos y llevarían a cabo cosas muy bellas . . . Todo bajo esta lámpara tutelar que ahora, acá en Sevilla, esclarecía dulcemente los rasgos de otro Pedrucho más joven y de un envejecido Deusto.

---

[59]   Otra referencia a la ruptura de la relación entre d'Halmar y Santiván, producida después del casamiento de Santiván con Elena González Thomson (Lena), la hermana de D'Halmar. Aquí "Pedro María Alday" es el nombre del personaje basado en Santiván.

Como un ensayo del mañana cada vez más próximo, las vacaciones reunían a los dos seminaristas en la casona de Algorta; pero vino a morir la madre, y un día Pedro María hubo de confesar a Íñigo su amor por su hermana, que le impediría pronunciar sus votos; entraría, pues, en la familia, sólo que ¡de cuán distinto modo! Y Deusto comprendió que no eran únicamente sus proyectos infantiles los que salían heridos de muerte por esta trivial materialización, sino qué sé yo qué recóndito pudor, qué ideal imposible de perfección.

No habían vuelto a verse casi con los jóvenes esposos, y con Mónica, el caserón había reanudado su rutina. Para la religión y la música, que se habían abierto como finalidades ante él, Deusto parecía ahora haber perdido la clave, y como debía de haberse relajado un resorte en su voluntad, procedía mecánicamente, por obra, diríamos, de la impulsión adquirida. Y así dejó el norte, y así vino al sur. Pero si el saldo de sus entusiasmos sobraba todavía para hacer de él un párroco modelo, en cambio, no se bastaba a sí mismo. ¡Como comprendía que el ensimismamiento nos acecha como una vertiginosa torre, como esa Giralda inaccesible a los solitarios! Y sin la providencial aparición de Pedro Miguel en su vida interior, ésta se habría consumido sin objeto.

¿Qué era con precisión el niño? ¿Cuál su verdadero puesto bajo ese techo? Instintivamente Mónica había tratado al intruso como huésped; reservándose tratar, llegado el caso, al huésped como intruso. Íñigo Deusto, menos avisado, había ido adaptándolo insensiblemente, y, al darse cuenta, se encontraba con que aquel venido de fuera constituía por si solo el hogar, substituyendo la madre muerta, suplantando la hermana y el amigo desertores, encarnando todavía ese vástago espiritual que cada cual tiene misión de dejar tras sí, aunque no se deje otra prole. ¿Cómo podía haber llegado a obrarse este absurdo, que tal vez fuera el Milagro?

Entonces quiso conocer a su vez los antecedentes del gitanillo. Supo que en realidad procedía, por su madre, de esos nómadas que parecen haberse dejado captar al fin por el Guadalquivir. Venidos de cualquier parte, allí levantaron sus tiendas de una noche, en la orilla opuesta a la Torre del Oro, donde se almacenaban las riquezas de los galeones de Indias, y el campamento va perpetuándose en la Triana, la Trajana de los romanos. La madre de Pedro Miguel, ya viuda y con un hijo casi hombre, ése sí, gitano por todos cuatro costados, había vuelto a unirse con un judío, y éste y ella donde convivieron estupefactos de violar sus respectivas supersticiones. Pero la existencia se había hecho imposible al hombre pálido entre esa tribu de gente obscura, y desapareció cualquier día, dejándoles el churumbelo[60] que, circunciso y todo, balbuceaba letanías a la virgen cristiana, fruto del cruzamiento de linajes antagónicos, aunque igualmente sin patria.

Y, dentro de este espíritu de aventura, el Aceitunita era todavía un paria. Por eso, en vez de enseñarle sus chalanerías, a los trianeros les había sido indiferente dejarle irse del otro lado del puente y buscarse a su manera la vida. Si medraba, le reconocerían como

---

[60] Churumbel (caló): niño.

suyo; si fracasaba, nadie se avergonzaría ni se cuidaría de él. El golfillo lo sentía así, a pesar de sus cortos años, y esto lo había poseído casi cómicamente de su propia tutela. Porque la cordura de los del pueblo de David y la precocidad felina de los bohemios también se confundían en él.

Con el instinto de los conversos, habíase cobijado en la Iglesia. La Catedral, donde está sepultado el Descubridor de un mundo y por cuyas gradas probaron fortuna Rinconete y Cortadillo, fue desde entonces su casa-solariega.[61] La sacristía mayor, la capilla Real, los sepulcros de los reyes no guardaron secretos para él. Y más de una vez tuvo que mostrar como guía esa especie de vargueño que en cada uno de sus cajoncillos contiene los restos de un príncipe; y una medrosa ironía le poseía al pronunciar el nombre de ese Don Pedro el Cruel,[62] sobre todo, cuyas choquezuelas, según la tradición, le delataban en vida, entrechocándose al marchar. Ahí estarían, diseminadas y casi en polvo, esas rótulas que habían hecho tanto ruido en la historia. Un gitanillo podía enseñarlas, si venía el caso, por una moneda de dos sueldos, a algún hortera[63] enriquecido o a cualquier turista displicente.

Había cantado desde los siete años en el facistol;[64] había danzado con los *seises* ante el altar, al son de las castañuelas, vestido de corto, con justillo y capa de seda, roja en las festividades del Santísimo, y celeste en éstas de Purísima, llevando en el chambergo una pluma blanca y un espadín al cinto. Y concluida apenas la época de la feria, por la cual cumplía sus trece años, una tarde, un sacerdote extranjero le había llevado consigo a la Giralda y habrían admirado a sus pies todas las bellezas de Sevilla. *Velut Somnium surgentium*,[65] disipábase a partir de entonces la orfandad del *Aceitunita*.

—Como me has mostrado tu tierra, desearía poder enseñarte la mía —decía a menudo Íñigo Deusto, para remate de esas confidencias—. También cautiva el país vasco, y estos extremos de España son los dos polos de nuestro carácter: en Sevilla se admira desde una torre encantada las puestas del sol en el Guadalquivir; en Bilbao, entre la trepidación y el tráfago del puente transbordador, se miran en el Nervión los fuegos de los hornos metalúrgicos, y hemos virilizado el nombre de tu ociosa Triana en el centro minero de Triano propiamente la colmena del trabajo bilbaíno.

Cualquiera de estas palabras: ría de Bilbao, el Nervión,[66] o Triano,[67] tenían la virtud de evocar a Mónica que, sin salir enteramente dc la penumbra, saboreaba la apología de

---

[61] Referencias a la tumba de Cristóbal Colon en la catedral de Sevilla (una de varias tumbas del navegante) y a la novela ejemplar de Cervantes, sobre dos pícaros que viajan a Sevilla desde Castilla.

[62] Pedro I de Castilla, rey nacido en Burgos (1334-1369), también apodado "el Justo".

[63] Según el *Diccionario de la Lengua Española*, un uso madrileño usado como "apodo del mancebo de ciertas tiendas de mercader".

[64] Atril grande en el coro.

[65] De Salmo 72:20 en la Vulgata: "Velut somnium surgentium, Domine, in civitate tua imaginem ipsorum ad nihilum rediges" o en castellano: "Como el sueño a los que despiertan, reducirás, Señor, a nada la imagen de ellos en tu ciudad". Aquí también había errores en el latín en algunas ediciones.

[66] Nombres del río que pasa por la ciudad de Bilbao, Ibaizábal en vasco.

[67] Montes de Triano (Trianoko mendiak), lugar cerca de Bilbao donde hay yacimientos mineros.

la raza del hierro. Deusto enseñaba a Pedro Miguel cómo era ésa tal vez la más vieja de Europa, más que todas sus civilizaciones, existiendo ya como pueblo cuando los demás eran todavía bárbaros y trashumantes. Raíz de los más seculares podía ser su idioma. Ni romanos, ni normandos, ni árabes consiguieron imponerse en aquel territorio de riscos y selvas, sobre esos cuantos pelotaris,[68] bailarines o matuteros que desdeñaban entre ellos mismos, los títulos y no aceptaban feudales. Y mucho después que España había absorbido los regionalismos, intactos se conservaban sus fueros.

—Y con todo, preparados para la contemplación lo mismo que para la acción —concretaba el cura—; verdaderos compatriotas de ese Loyola que, herido en Pamplona, fue beatificado como capitán general de nuestros tercios. Éste es el caudillo espiritual del norte, el que nos hizo armar cruzadas para evangelizar América, mientras su seráfico amigo de Asís tiene conventos y altares en todo tu Mediodía.

Y agregaba, soñador:

—Si fuésemos ricos e independientes, repartiríamos el tiempo entre Algorta y Sevilla: allá, el templado verano; acá, el invierno benigno.

Mónica hacía un movimiento como si fuese a protestar de esa para ella incomprensible conquista que la Andalucía venía operando sobre el vasco; el gitanillo, por su parte, sentía despertarse todos sus instintos vagabundos.

—Sería tan hermoso, *Amigote*, irnos a campo traviesa, alojar en las posadas, merendar del zurrón, junto a los manantiales; esa debe de ser la libertad.

—Tú hablas, Pedrucho, y usted se lo consiente, señor cura, como si el amo y tu tuviéseis igual edad y fuéseis de la misma condición —interrumpía entonces el ama—; pero eso, como el llamarle amigazo y otras muchas cosas, no está bien.

—Y por qué me ha de rebajar colocándome sobre el mismo pie que él? —intervenía con sorna Deusto—. El propio Maestro enseñaba que si no hacíamos por parecernos a los niños, no entraríamos en su Reino. Tú, Mónica, mantendrías el fuego, donde vendríamos a secarnos; ¿eh, Pedro Miguel? ¡Porque después de vivir a salto de mata, debe de parecer gustoso el hogar!

—Después ..., tal vez ... —concluía abstraído el trianerillo.

---

[68] Jugador de pelota vasca (jai alai).

V

La añoranza con que el vasco recordaba reiteradamente su Vasconia podía ser una advertencia de su instinto. La canícula había inflamado el zafiro del cielo de Sevilla hasta hacer de él un carbunclo; las palmeras no daban sombra, las fachadas blancas reverberaban, la calle de Sierpes estaba cubierta por velas de buque. El África había atravesado el Estrecho y, por Algeciras,[69] se había metido de rondón[70] en sus antiguas dependencias. Una brasa oculta en el minúsculo pebetero de las amapolas parecía tostar chirriando su opio; los claveles destilaban almizcle; las rosas chorreaban vainilla; pero trascendía sobre todo a miel, como si los panales se hubiesen fundido; y debían de ser las abejas sin colmena las que producían ese aturdidor murmullo que, como el de las olas en los caracoles marinos, tal vez no estuviese, a la postre, sino en los oídos de los que sufrían esta insolación.

Los patios, bajo sus tiendas de lona, con sus hamacas de esparto, eran como cubiertas entoldadas de navíos durante la travesía del Mar Rojo;[71] el propio caño de agua se amodorraba; y con las persianas corridas, en la penumbra sofocante de las habitaciones estucadas, y embaldosadas, muchas veces de azulejos, trataban los moradores de atrincherarse contra aquel asedio equinoccial, no atreviéndose a abrir sino cuando el crepúsculo deleía en rosicler y amatista todo este deslumbramiento. Entonces se echaban a la calle, como una población alterada de aire, y bebían a plenos pulmones una atmósfera enrarecida que ninguna brisa venía a renovar ni a refrescar. Por las noches era casi lo mismo, sólo que el terrible sol, ese que sobredora a fuego el grano de la piel de los sevillanos y el de las uvas del jerez, ese que fermenta en las venas y desangra en los lagares, se había como fragmentado en infinitos luceros. Y echando sobre sus atavíos de púrpura y oro un leve cendal azulado, la sultana de España[72] prendía a su redecilla todos sus brillantes.

---

[69] Ciudad española cerca de Gibraltar.

[70] De rondón: impetuosamente.

[71] D'Halmar hace una descripción de la travesía del Mar Rojo al final de la primera parte y al comienzo de la segunda de *La sombra del humo en el espejo* (escrito en 1918 y publicado en 1924, es decir en el mismo año que *Pasión y muerte del cura Deusto*).

[72] Referencia a la Virgen como reina de España, con curioso uso del título del mundo islámico.

El Aceitunita soportaba aquella combustión, tal vez porque la tez morena resiste mejor al trópico, y así los rubios se han ido haciendo trigueños, hasta convertirse en negros en las comarcas tórridas (según una teoría antropológica, un tanto burlesca, que Deusto se atrevía a emitir cuando, abrutado por el calor, temía no aclimatarse nunca a estas temperaturas). La iglesia, tan fresca en otras estaciones, se había rescaldado también ahora. Las paredes enjalbegadas se resquebrajaban. Destellaban en las vidrieras, sobre todos, los vidrios topacio y los granate. Y los *ecce-homos* llenos de equimosis, y las Dolorosas traspasadas por siete puñales, y los llagados San Franciscos, trasudaban virtualmente sangre, mientras, como un mar que se ha retirado no dejando sino charquitos, hasta el agua bendita se secaba en el fondo de sus amplias conchas.

Para Deusto, que no había salido hasta los treinta años de las nieblas del norte, su cielo pluvioso y su húmeda flora, reducido en los más despejados días a un horizonte de nubes y de montañas, este azul cobalto, este espejo esmerilado del añil, cobraba algo de obsesión; la vista concluía ofuscándose ante aquella zarabanda de ígneas moléculas, que no eran sino otra alucinación estival.

Una mañana, el vasco sintió redoblar aquellas dos impresiones. Mil burbujas de agua tibia parecían llenarle las orejas, y un vertiginoso velo rojo le pasó, como por los ojos del toro en las arenas fulgurantes. Eran apenas las nueve, y mientras los pajarillos se callaban exánimes en sus jaulas, los pájaros libres caían entorpecidos. El sacerdote, que había desayunado, como siempre, después de la primera misa, quiso ponerse en pie y hasta creyó haber gemido. Mónica no había vuelto del mercado, y Pedro Miguel acababa de salir al patio, para trabajar su solfeo. Entonces se le figuró que un rayo de sol que se reflejaba en el techo abatíase, sobre su cerviz como una cuchilla, y dobló la cabeza y las piernas.

¿Qué, si no la expectación del silencio, pudo advertir al *Aceitunita?* En medio del comedor, a la primera mirada, encontró la de esas pupilas vueltas hacia arriba; maquinalmente se arrodilló a su lado, desató el cuello, cuyas venas se hinchaban hasta romperse; y mientras los acólitos corrían en busca de socorro, le envolvió la frente con servilleta mojada en un aguamanil, que humeaba como al contacto de una plancha y se secaba apenas puesta; entonces ganó la congoja al niño y le hizo inclinarse sobre esa boca torcida y espumarajosa[73] y pegar sus labios contra aquellos, amoratados por la apoplejía.

Un médico del vecino hospital del Pozo Santo acababa de llegar y preparaba sus lancetas y sin siquiera tomarse tiempo para llevar a la cama al cura, ahí mismo, por tierra, se le hizo la primera sangría. Deprimida la excitación con que afrontara el peligro, *el Aceitunita* se había alelado, y veía correr la sangre por las baldosas amarillas y rojas, y oía andar el reloj, como si todo no se pasase en la realidad, como si la impresión de pesadilla que provocaba el bochorno le hubiera sobrecogido también. Y sólo recuperó la noción de las cosas, cuando los dedos que tenía cogidos le devolvieron su presión, en un primer

---

[73] Llena de saliva (espumarajo).

apretón de manos a la vida. La calentura se enfriaba como un cazo que se retiraba de la lumbre; se descongestionaba el rostro, y su rictus iba borrándose, y por fin, pudieron bajar los párpados. Deusto volvía en sí para dormirse. Por el momento estaba salvado.

Su delirio, como un cuerpo a cuerpo contra los espíritus del fuego, era diurno. Recomenzando con los albores de la madrugada, no caía sino con las sombras y tomaba pie, por ejemplo, en el estremecimiento del primer carro que pasaba. Soñaba entonces, y a veces con gestos y voces, que él y *el Aceitunita,* cogidos de la mano, corrían escapando a la erupción de un volcán. El peso de los almohadones le hacía figurarse que ambos habían quedado sepultados bajo la montaña inflamada. Entonces el desvarío cambiaba. Las campanillas del *Sanctus,* llegando apenas perceptibles de la iglesia, le hacían creer que *el Aceitunita* y él soñaban a la puerta de un palacio; pero sus batientes de bronce habían sido caldeados al rojo blanco; entonces (porque alguien había entrado probablemente en el cuarto del enfermo) salía a abrirles un enano vestido de encarnado, que se parecía a don Palomero, y entonces. . . El castañeteo de los crótalos en la casa de enfrente le hacía el efecto de que un gran cuervo le picotease el cráneo. La primera bujía que encendían a su lado provocaba su última visión: un incendio, y él y *el Aceitunita*. . . Entraba después en el coma, y su sueño, invariablemente el mismo, era sugerido por el chorro de agua del surtidor del patio. Soñaba que su madre vivía, que su hermana era siempre una niña, y allá, en la casona de Algorta, oían *zurriascar*[74] en los cristales el agua de la lluvia. Sólo que había alguien más con ellos, y creyendo fuera Pedro María Alday,[75] Íñigo se erguía para verle la cara; pero era *el Aceitunita,* que le quebrantaba los dedos y le sofocaba con sus besos. . . Entonces solía despejarse a medias su inconsciencia y se encontraba sentado realmente en la cama, y veía a su lado, en carne y hueso, al *Aceitunita,* luchando por recostarle. Al *Aceitunita*, que formaba parte de todas sus visiones.[76]

El Aceitunita, que, turnándose con Mónica, tampoco se separaba de la cabecera del enfermo, sino para vigilar la iglesia. Quieras que no, nada se hacía sin su anuencia, y el ama misma, viéndole tan abnegado, se había sometido a tolerarle. Pero el niño hacía sentir apenas su influjo y estaba demasiado inquieto por la salud de *Amigote*, para querer abusar. Se limitaba a velar por que siguiesen cumpliéndose las voluntades del párroco, y una tarde, como otra vez encontrase invadidos los altares por las damas ornamentadoras, les recogió él mismo sus enseres, con mucha entereza las puso a la puerta, y a sus descompasados denuestos respondió con el comedido consejo de que apelasen al nuncio.

Acababa de regresar, extenuado, a la casa y de cerciorarse que Deusto seguía lo mismo, cuando el sacristán *Pajuela* hizo irrupción hasta las cocinas. Era un vejete sacerdotal

---

[74] Llover intensamente con granizo, palabra usada en Cantabria en la región vasca. Nótese el uso de una palabra regional en una descripción de un sueño del cura vasco.

[75] Como notamos arriba, nombre del personaje basado en Santiván.

[76] Esta frase aparece en la primera edición (1924) y en la segunda (1938). Se suprime en la edición de Zig Zag y posteriores.

en fuerza de vivir desde su juventud entre eclesiásticos, y don Palomero y él, los dos decanos, en otro tiempo habían llegado a figurarse que la parroquia era feudo suyo.

—Doña Mónica —requirió el sacristán con prosopopeya—, ¿quién reemplaza a don Íñigo mientras se halle malo?

—Creo —dijo el ama— que debe de ser el señor adjunto.

—Perfectamente —triunfó *Pajuela*—. Por desgracia, hay en esta casa quien se mete donde no se le llama.

Inflaba la voz, movía los brazos. Mónica, inquieta, miró hacia las habitaciones.

—Alguien —amplió— que, pasando sobre toda autoridad, pretende imponerse sólo, y ese alguien, permítame usted que lo diga, no es aquí sino un advenedizo.

El sacristán había desarrollado este período campanudamente, es el caso de decirlo. Pero una impulsión inesperada le hizo girar sobre sus talones.

—Poco importa que me insulte —le enrostró *el Aceitunita*—; lo que no podemos permitir, *Pajuela,* es que siga alborotando en la casa de un enfermo grave. Salga usted.

Era un niño, y parecía crecido por el sentimiento de su responsabilidad. El sacristán se volvió hacia la dueña, y se encontró con su rostro impenetrable. Tornó a mirar al gitanillo, y algo debió de ver en sus ojos, pues sin añadir palabra, dio media vuelta y abandonó el campo.

—¿He hecho mal, doña Mónica? —consultó Pedro Miguel, tocándola tímidamente.

La bizkaitarra[77] tuvo un movimiento de sobresalto, como ante un contacto invenciblemente antipático y se retiro de un paso.

—Mientras don Íñigo esté en peligro, no pensemos sino en ayudarnos para salvarle. Después..., después, Dios dirá.

Sólo que el estado del cura permanecía estacionario. El ataque había sido casi fulminante, y con zozobra se esperaba desapareciese la letargia encefálica en que degeneraba, para darse cuenta de si el cerebro no quedaba resentido. ¡A los treinta años, y con una constitución sin desgastes! Pero tampoco pasaba esa maldita marejada de calores, y cambiarle de temperamento no había ni siquiera que pensarlo, aunque fuera angustioso ver subir cada día con el sol esas fiebres de inexplicable persistencia, que sólo cedían el paso al sopor de las horas nocturnas.

Instalado junto al lecho del hombre como ausente, el niño sufría lo que no había sufrido hasta entonces. Él no había gozado de ningún regalo. Su padre era un mito, su hermano un enemigo, su madre le resultaba una extraña. Después, en su existencia de buscavidas, por una afección, casi siempre dudosa (y *el Aceitunita* acopiaba para sí un acervo de mezquinas experiencias), diez enemistades le habían saludado, hasta sorprenderle que sus pocos años mereciesen tan encarnizada hostilidad. Le habrían hecho mal, a la larga, si Deusto no le hubiese salido al paso y cubierto con su égida, la buena sombra benéfica. Otro, a su edad, no hubiera dado todo su valor a este amparo; Pedro Miguel consideraba con verdadero miedo el que pudiera llegar a faltarle.

---

[77] Alguien de Vizcaya, o vasca en general.

Además, y esto también lo guardaba el niño para su gobierno, aquel cura de treinta años era más infantil que él en muchas cosas; tenía tal vez una herencia más inocente, había vivido menos esas pequeñeces depresivas que constituyen la gran lección. Y en el corazón de Pedro Miguel se aliaban impulsos aparentemente inconciliables, como si el protegido pudiese ser a su turno protector. En realidad, no le amaba ni como a un amo ni como a un padre, sino más bien como las mujeres, desde muy pequeñas, quieren a sus hermanos mayores, con orgullo a la vez que con ternura, siendo un sentimiento la ternura que no podría calificarse sino de maternal. Si Pedro Miguel le hubiese podido y querido explicar, de seguro habría provocarlo a risa; ¡pero son tan arbitrarias las castas que la inteligencia establece!, y ¿ha llegado a definirse nunca la verdadera edad de las almas...? Una luz muy arcaica y muy puesta a prueba por las vicisitudes de muchas generaciones brillaba en los ojos nuevos y claros del gitanillo. La arcilla de la lámpara podía ser reciente; el aceite que ardía provenía de inmemorables cosechas; el fuego era inmortal.

Pensaba *el Aceitunita* que en este mundo tan grande estamos harto desamparados. Deusto mismo, ¿a quién tenía Deusto? Atraídos por su aislamiento respectivo, el sacerdote del norte y el rapaz meridional se habían reunido, y ahora sí podían desafiar la soledad. Y, sin embargo, inútilmente se inclinaba el más joven sobre el mayor, inútilmente hubiese querido compartir su sufrimiento. Se muere solo, como solo se ha nacido. A veces, hasta trataba de retener materialmente al que naufragaba en el misterio, de abrazarse a su cuerpo, como si pudiera así sacarle a flote. Un piélago intangible parecía separarles, y el enfermero, desalentado, dejaba caer los brazos.

Dejaba caer los brazos y se aletargaba, vencido por esa lucha de tantas semanas. El verano iba declinando y la naturaleza, agostada, parecía quitarse el polvo de aquella larga jornada. Las tardes, sobre todo, caían, oreadas por imperceptibles brisas. Y como si el solsticio que gravitaba sobre el enfermo hubiese retirado de su frente su candente sello, una mañana ya no reapareció la fiebre y trajo la noche un sueño natural y reparador. Como en las horas de mayor alarma, Pedro Miguel no quiso ni acostarse ni ceder su puesto a Mónica. Expiaba el momento del despertar; la primera mirada, la primera palabra. Y, de rodillas, en el silencio de la casa y de la ciudad, mientras reposaba el sacerdote, el niño pidió a Dios con devoción verdadera, desde lo más recóndito de sus entrañas, que le devolviese incólume su gran amigo, y después de este acto de contrición le pareció que ya no eran sólo Deusto y él, que alguien más velaba por ellos.

VI

Si había sido paciente para socorrer a Deusto durante su enfermedad, Pedro Miguel no lo fue menos para hacerle plácidas las otras tantas semanas que se siguieron. Es cierto que se aliviaba a parejas con él de aquella prolongada tensión moral, y casi tan desmejorado, por las noches en vela y los días de reclusión, ahora compartía su renacimiento de resucitado.

Hasta Mónica lo había comprendido así, y les dejaba instalarse desde por la mañana en el patio, entre las macetas olorosas, junto al surtidor incansable, y ver la hora, como en un reloj de sol, por el giro de la sombra sobre los muros. Septiembre había aportado una balsámica frescura a la Vandalucía,[78] también como una convalecencia, en las argentinas vaporosidades del orto, en la tibieza dorada del cenit, en el tornasolado del largo ocaso, en el nocturno que ya no exacerba, sino embota, por el contrario, los sentidos. "Hacía bueno" vivir, porque, sin desearlo ni temerlo, lánguidamente, uno se dejaba llevar por la vida. Las fantasías, como las cavilaciones, todas estaban en capullo.

La primera nota aguda, en ese diapasón como en sordina, fue una comezón irresistible que comenzó a sentir *el Aceitunita* de volver al campo, sino a sus correrías. No hallaba cómo decírselo a *Amigote,* repugnándole, por otra parte, inventar pretextos, y concluyó buenamente por largarse una mañana, sin rumbo; como tampoco tenía intención determinada, no pensó pudiera inquietar su ausencia a la larga, y un descuido de gorrión devuelto a la libertad no tardó en hacerle perder la noción de toda medida.

Deusto no se sorprendió al principio, creyéndole en el templo, y se engolfó en su lectura. Sufría, sin embargo, con una constante y creciente desazón, de la falta de no sé qué, como si hubiese olvidado algo, y concluyó por abandonar el libro y por no contener su impaciencia. Entonces dio con los nudillos en los vidrios del comedorcito, y casi en seguida entreabrió los postigos Mónica.

—¿Quieres informarte —dijo el cura— si ha vuelto Pedro Miguel de la iglesia?

Transcurrieron algunos momentos. El choque desquijarado de las castañetas llegaba distintamente desde la academia de baile. La soleada atmósfera del otoño era enteramente

---

[78] Tierra de Vándalos, nombre para el sur de España que después se habrá arabizado como Al-Ándalus. Es una de varias tesis sobre el origen del nombre de Al-Ándalus.

como un añejo cordial que saturaba hasta el alma. El sacerdote puso la mano en los ladrillos del alizar[79] y los sintió tibios, como si el patio mismo respirarse y latiese. Una oleada de salud le hinchó el pecho, y volviendo la cabeza, aguardó con amorosa ansiedad que reapareciese su pequeño amigo. Le parecía que hasta ese instante no había sido con él suficientemente afectuoso, que él mismo, tal vez, no sabía su corazón desbordante de gratitud por sus cuidados; y ahora quería demostrárselo en forma tácita, por una mirada y con una sonrisa.

Mónica vino esta vez hasta el patrón.

—No le[80] encuentro —dijo extrañada— y su boina falta en el perchero.

Deusto había dejado caer la mano que tenía en suspenso.

—Me avisarás cuando apenas regrese —dispuso lacónicamente—. Mientras tanto, a ver si inventas alguna sorpresa para el almuerzo.

Se sentía dispuesto y glotón como un adolescente, y pensando que Pedro Miguel no debía de andar lejos, también quería agasajarlo. Le parecía ahora tan sencilla la existencia y tan fácil las relaciones entre las gentes. Las importunidades mismas de don Palomero no le habrían desagradado.

Pero continuó corriendo el tiempo sin que regresara *el Aceitunita*. Ya por dos veces había Mónica anunciado el almuerzo. Al fin Deusto se decidió ponerse solo a la mesa. Su alegría había desaparecido, y cuando el ama presentó su sorpresa, lo que él había inventado como regalo se le antojó un penoso esfuerzo.

—¿Se acuerda usted? —dijo a regañadientes la criada, viendo que al amo no la cumplimentaba—. Era el postre que yo le preparaba en los días de asueto.

Deusto recordó. Le pareció ver por un momento a la mesa la madre, la hermana y el amigo ... Después suspiró y rechazó el plato.

—Creía tener más apetito —explicó con sonrisa forzada—. *Nos* regalaremos en la cena.

Volvió al patio, y como se sentía inusitadamente ocioso, pensó ir a la iglesia, donde no había vuelto desde su mejoría. Otra idea pueril le detuvo: la del *Te Deum* que había pensado entonar con Pedro Miguel por su restablecimiento. Todos sus proyectos caían con este sencillo contratiempo. Entonces comprendió que su porvenir y su recobrado amor a la vida los había puesto sobre la cabeza de un niño.

Fue a la iglesia. De hinojos en la capilla de San Juan, trató de recogerse; su oración no cobraba alas: algo le hacía recaer en tierra, y más de una vez volvió la cabeza, creyendo sentir pasos a su espalda. Por fin se levantó, muy fatigado, y encerrándose en su cuarto, se echó sobre la cama.

¿Cuánto había podido dormir? Ya el crepúsculo tendía en los cristales sus tenues visillos, cuando algo suave, paseándose sobre su cara, le hizo abrir los ojos.

---

[79] Del hispano-árabe *alihsar*, "cinta o friso de azulejos en la parte inferior de las paredes de los aposentos".

[80] Aquí se justifica el uso del leísmo por estar en un diálogo entre españoles.

Un cachorro de gato, apenas de pie en sus patas, mayaba[81] sobre su cabeza. En la silla, desde donde tantos días y tantas noches había sido su celador, Pedro Miguel le acechaba anhelosamente.

Deusto, incorporándose, hizo resbalar el animalillo y, con un mudo reproche, miró al prófugo que, en cambio, parecía iluminado por un regocijo inexplicable.

—Hice mal —adelantó, con una voz baja y timbrada—, hice mal en tomar sin permiso las de Villadiego;[82] ¡pero estoy tan contento de ver que usted me ha echado de menos! ¡Vaya! *Amigazo,* tenía razón al decir un día que el hogar parece delicioso después de haber callejeado.

—¿Por dónde? —fiscalizó Deusto, sin desarrugar el entrecejo.

—¡Qué se yo! Por montes y valles, por Sevilla entera; por las Delicias, viendo a los descargadores, por el Parque de María Luisa, por el Prado de San Sebastián, hasta en la Manufactura,[83] a la salida de las cigarreras. Y solo, ¿eh?, hasta que hace un rato, en la calle Abades, al pie de una reja corrida, encontré este otro gandul, probablemente también de escapada, y me lo traje como regalo.

Deusto dio, sin querer, una ojeada al gatito que, enarbolada al hombro la pata, lamía gravemente su pechera blanca.

—¿Verdad que es monín? —preguntó *el Aceitunita* levantándole en vilo.—Trae todavía la cinta rosada con que le habían engalanado, y ha cabido como nada en una de mis faltriqueras. ¿Como le bautizaremos, *Amigote?* ¿Le apodaremos *Boquirrubio o Barbilindo?*

Pero el cura le dejaba discurrir y evitaba mirarle.

—Esto no es todo —completó el gitanillo sin desconcertarse—, sino que no he probado bocado desde por la mañana, y siento un hambre canina. ¿Sabe usted, *Amigazo,* si Mónica se ha dado también cuenta de mi ausencia? Usted le explicará que vuelvo de un recado suyo.

—Yo le pregunté por ti antes del almuerzo.

—Puede decirle que olvidó que me tenía mandado por todo el día.

Deusto consideró al audaz con una severidad indignada.

—Te encuentro harto impávido —dijo recalcando las palabras—. Como todo arrepentimiento por tu travesura, no parece sino que yo fuese tu cómplice y que debiera encubrirla. Tú no tienes presente quién eres y con quién hablas, *el Aceitunita.*

El niño enrojeció como si hubiese recibido un cachete.

—¡Oh! balbuceó confuso—. Usted piensa ahora como Mónica; está bien, *Amigote,* ya no volveré a hacerlo.

---

[81] Maullaba.

[82] Pueblo al oeste de Burgos en Castilla y León. Según el *Diccionario de la Lengua Española*, el dicho significa "ausentarse impensadamente, de ordinario por huir de un riesgo o compromiso".

[83] Fábrica de cigarros, famosa en *Carmen*, ahora sede de la Universidad de Sevilla.

…Ni volveré —añadió después de una pausa— a olvidarme que usted es don Íñigo Deusto y yo don Nadie; *el zagal está a las órdenes del rabadán;*[84] ¿no es esto, señor cura?

Había en su entonación una amargura tan mordaz, tan impropia de su edad, que Deusto, casi intimidado, le puso la mano en el hombro.

—No acumules palabras feas a la pena que ya me diste, y no me hagas creer, sobre todo, que no eres como yo te imagino— amonestó doloridamente.

Pero el niño había fundido en llanto.

—¡Oh! Usted sabe —balbuceó con la voz cambiada, vuelta infantil por las lagrimas— que yo trataré de ser siempre como usted me ha imaginado. Bueno o malo, yo no quiero ser sino lo que a usted le plazca.

El sacerdote no respondió tampoco. Había pasado al comedor, y al verle venir solo, Mónica tuvo un gesto despectivo.

—¿Debo poner también el cubierto del muchacho?

—Pedrucho está lavándose en su cuarto —explicó Deusto con fingida naturalidad—. Yo no me acordaba que hoy le había dado permiso para que saliera.

—¿Para que saliera a holgazanear?

—Pero piensa, Mónica, que mi enfermedad le ha tenido como enclaustrado durante dos meses.

—¡. . . A perder las buenas costumbres que tanto cuesta irle inculcando! Usted no sabe, señor cura, porque no tiene que lidiar con él, o más bien, porque con usted es otro; pero no hay nadie en la parroquia que no tenga quejas de sus desplantes. Él que no es sino un zangarullón,[85] le canta verdades al lucero del alba, y ya, cuando estaba usted imposibilitado de intervenir, tuve yo que hacerlo, para que *Pajuela* no le despidiese.

—¿No le despidiese? —exclamó estupefacto el cura—. ¡Pero estás loca, Mónica, no te has dado cuenta de que ese niño es ya de casa! Yo no podré olvidar cómo se ha portado conmigo cuando estuve a la muerte, y si tú eres agradecida, también deberías recordarlo.

—¡Poco engreído está de su apoyo!

—Pero tú misma deberías tomar su defensa contra quienquiera que sea. ¿Es común ver que un niño sepa comportarse como un hombre? ¿Lo es que un extraño se porte mejor que un allegado? Esto se llama corazón, y lo demás niñerías propias de su edad.

—¡Por dicho! —abrevió Mónica viendo entrar al trianerillo, y sin que se pudiera saber por su tono si era ironía o sumisión.

Se había sentado sin decir palabra. El ama puso la sopa.

—Ve a mi cuarto —indicó entonces Deusto— y tráete un gatito que yo le había pedido a Pedro Miguel que me consiguiese.

Y cuando la criada volvió con el animalillo:

---

[84] Rabadán: pastor encargado del rebaño.
[85] Pícaro, muchacho vago.

—Dale leche —dijo el cura—; creo que no ha tomado nada desde por la mañana.

Por esta frase maligna acababa de hacer las paces con *el Aceitunita,* que levantó hacia él sus magníficos ojos.

—Tampoco te hemos olvidado; ¿no es eso, Mónica? —continuó Deusto festivamente—; y guardamos para los postres un flan que yo no quise probar.

Pocas veces había sido más animada la cena. Era ya muy tarde. El ama, contrariada de la ligereza del convaleciente, que no contento con velar, hacía velar a un muchacho, contrariada hasta por el gato, debía de haberse recogido. Íñigo y Pedro Miguel se divertían con él, bajo la lámpara. Y el cachorrillo, habiéndole tornado gusto al juego, se agazapaba primero, saltaba después sobre las rodillas del cura. Desde su sitio, *el Aceitunita* también parecía prepararse a rebotar.

Y como Deusto le preguntara en qué pensaba.

—Pienso —replicó, sonrojándose— en que comprendo muy bien esa zalamería de saltar sobre las rodillas, y en que ahora mismo yo quisiera dejarme llevar de mis ímpetus.

El sacerdote parecía no haber oído. Pasaba su mano fina sobre el lomo enarcado del felino, y este frote magnético le absorbía como la vista del fuego, de la lluvia o del mar. Poseíale un bienestar de nirvana,[86] mientras se reposaba la naturaleza y los hombres habían depuesto sus armas agresivas a la puerta de cada vivienda. Sevilla dormitaba ya no bien despierta, todavía, no enteramente dormida. El aflojamiento del otoño relajaba esa presión inútil por las ambiciones o los placeres. La verdadera paz era blanca como esta hora de tregua.

—Y, al fin, ¿cómo le pondremos? —interrogó Pedro Miguel.

—¿A quién?

—A nuestro minino.[87]

Volublemente se puso a contar cuánto había soñado con tener uno, en la época en que él mismo no sabía dónde se cobijaría mañana. Amaba lo que él llamaba la querencia de los gatos por el hogar y al propio tiempo sus inclinaciones lunáticas y andariegas; seguramente eran como él, agitanados, conservando el refinamiento junto a la barbarie, a la par monteses y domesticables como ningún otro animal. No se expresaba *el Aceitunita* en estos términos, pero con reflexiones originales que una vez más sorprendían al vasco por la inmemorial novedad que encerraban. Y, como cada vez que departían, llegaba a olvidarse que su interlocutor era un niño, y se sentía con él a sus anchas como con nadie.

El reloj de los Deusto sonó la medianoche; la lámpara, exhausta, comenzaba a menguar su claridad.

—Ha sido un buen día, ¿no es cierto, *Amigote?* —recapacitó Pedro Miguel con convicción.

Y sin saber por qué, olvidándose de sus aprensiones, Íñigo Deusto consintió en que aquél había sido un día bueno.

---

[86] D'Halmar había publicado el libro de cuentos *Nirvana* en 1918. Tiene que ver con su experiencia asiática.
[87] Coloquial para gato, parecido a la palabra portuguesa "menino" (muchacho).

Se habían quedado frente a frente, sin resolver irse a acostar. Sobre la butaca, todavía caliente, el gatito nuevo se había apelotonado como desde toda la vida.

—Hoy —declaró el sacerdote— estuve por primera vez en la iglesia, pero no me ha valido, y quisiera volviésemos juntos.

Dócilmente Pedro Miguel encendió una linterna y, tomando la llave, penetraron, uno tras otro, en el templo, enlutado por la noche.

El niño llevaba la luz, una llamita que con sus aleteos parecía responder al fulgor tembloroso de la lamparilla votiva. Y lado a lado, volvieron a arrodillarse ante el comulgatorio, como en ese atardecer del mes de María. Una etapa en que había asomado la muerte, toda una laboriosa etapa de prueba, parecía separarlos de aquella fecha. Y ahora le veían como, ganado el puerto, en un lejano pasado.

Entonces, sin subir a los labios, brotó del alma misma del sacerdote vasco una acción de gracias vehemente. Su vida entera le parecía distanciada. Él había llegado a creer que esta existencia era una misión y un sacrificio. Y he aquí que el deber propiciatorio se convertía en interno gozo y en serenidad exterior, en algo como una música donde cada acorde compusiera un conjunto de armonías gratas al oído y saludables para el corazón.

—Ahora sé —exclamó el gitanillo, mientras echaba la llave al salir y apagaba su farol— ahora sé cómo le llamaremos. Si hay ya el *Amigote* y el *Amigo,* él no puede ser sino *Amiguito.*

VII

Y Dominicas de Adviento y Pascuas, Septuagésima, Sexagésima, Quincuagésima y Cuaresma, las estaciones con las semanas, y con las témporas el año, hicieron su rotación periódica demarcada en el cómputo eclesiástico del áureo número,[88] las epactas,[89] el ciclo solar, la indicción romana[90] y las letras dominicales, por los ornamentos blancos, rojos o morados (*alb., rub., viol.*),[91] para las ferias, las vísperas o las festividades, sin que ni Deusto, que los revestía, ni Pedro Miguel que le ayudaba como Cirineo,[92] se figurasen ir simbolizando por los colores litúrgicos los tres pasos del camino de cruz que iban recorriendo juntos: el lustral y hasta candoroso, el primero, tocaba a su fin, y tuvo su apogeo en la novísima procesión organizada en Sevilla por el cura vasco para solemnizar aquel Domingo de Ramos.

Hosanna filio David![93] Esta vez no eran solamente los niños de coro los que asistían la solemne misa, sino todos los de la parroquia, desde los siete hasta los trece años, vestidos con sotanas rojas y albas sobrepellices, mezclando sus voces alborozadas. En esa Andalucía exuberante este San Juan, llamado de la Palma, los ramos de palmera y las ramas de olivo hacían una floresta viviente y agitada con prolongado susurro por el soplo del órgano y, cuando, siguiendo al ritual, los diáconos, que esta vez eran los dos discípulos (Mat., XXI),[94] fueron en busca de un asnillo y le trajeron de verdad, y aparejándole con sus dalmáticas, hicieron sentar encima a un niño de largos cabellos y en peplo[95] de lino, y avanzó bajo las palmas, que iban formándole arcos triunfales, por sobre un tapiz de ramas, *¡Hosanna al Hijo de David!,* era realmente un niño Jesús —a la edad que discutió con los Doctores en el Templo— el que pasaba con su séquito infantil, entre el júbilo de la muchedumbre, y si más de una devota madre se enterneció a su

---

[88]   El número áureo sirve para ciertos cálculos del calendario eclesiástico que tienen que ver con las fiestas movibles.

[89]   Número de días en que el año solar supera al lunar, relacionado al añalejo eclesiástico.

[90]   Período de quince años que separaba dos recaudaciones de impuestos extraordinarios, usado en las bulas eclesiásticas.

[91]   Referencia a las vestimentas clericales que dan título a las tres secciones de la novela.

[92]   Simón el Cireneo, en los evangelios de Marcos, Mateo y Lucas es obligado a cargar la cruz hasta Gólgota.

[93]   Una frase frecuente en los cantos gregorianos.

[94]   Referencia a la petición de Jesús a dos discípulos a que le lleven un asno al Monte de los Olivos para su entrada a Jerusalén.

[95]   Túnica sin mangas.

vista, conturbó a más de una mujer devota la extraña mirada de aquellos ojos tan puros en la faz morena y entre las guedejas doradas.

El cortejo había salido a la calle y, cerrada tras él la iglesia, *los Magos Ciegos* entonaron dentro el *Gloria laus,* repetido afuera por los otros cantores, hasta que el subdiácono llamó con el asta de la cruz, y las puertas volvieron a franquearse para que el Mesías hiciera su entrada en Jerusalén. *Gloria et laus sit Christo cui puerile decus prompsit, Hosanna.*[96] (Gloria y alabanza al Cristo, a quien un coro de niños canta *Hosanna*). El oficio divino interrumpió en el *Sanctus* para proceder a la santificación y procesión de Ramos, se continuó descubriendo el Santísimo. Pedro Miguel, "in albis" de catecúmeno, con la palma de oro de los mártires, recibió la comunión, y Deusto, que también en paramentos blancos, se la había dado por su mano, oyó otra vez su voz, muy próxima, destacarse sobre la masa coral, a la hora del *Tantum Ergo,*[97] entre las nubes de humo de los turiferarios, el fulgor de los cirios, el ruido de las campanillas y las campanas. Pero como el *pallium* del tabernáculo no descendiera, el niño tuvo que subirse para desenredarle. Y el oficiante, que seguía incensando con la vista en alto, fue ya incapaz de discernir si su homenaje no iba a ese pequeño Buen Pastor, de pie sobre el ara, con ojos de cielo y bucles de oro, vestido como los lirios de Salomón, y cuyas manos resplandecían junto a la custodia, hasta no saberse tampoco si los destellos, que arrobaban al sacerdote, irradiaban de sus dedos.

Llevándose sus ramos benditos, que debían durante el año adornar todas las rejas de la población, la gente se dispersaba, esparciendo a los cuatro vientos el renombre de la parroquia, a la vez afamada y difamada, pues aunque algunos hallaran en esas nunca vistas ceremonias una restauración de costumbres caídas en desuso, los más opinaban que, si las danzas de la Catedral, y la Semana Santa de Sevilla eran un sí no es paganas, esta parodia viva, importada, tal vez del norte por el párroco venido a catequizarlos, resultaba hasta sacrílega. ¿Quién podía ser ese elegido, que había merecido los honores de la cabalgadura bíblica, conducida del cabestro por el propio celebrante? Y al apodo de *Aceitunita* lo substituía insensiblemente el de *Niño Jesús de la Palma.* Comenzaba a relacionarse su figura con la voz, tan admirada en el último mes de María, y podía decirse desde luego que, entre sus maravillas, la patria del *Palmero,* de *la Niña de las Saetas y* de Giraldo Alcázar, contaba con un nuevo "fenómeno".

Otro sevillano célebre rindió visita al cura Deusto y a su discípulo, cuando apenas se desvestían en la sacristía. Era un hombre muy alto, aunque gibado, con el perfil taciturno de un ave nocturna. Su voz, profunda y pastosa, inspiraba súbita confianza, y aun antes que Pedro Miguel le hubiese reconocido, haíale acogido el párroco.

—Yo no sé andar con rodeos —había declarado el visitante—. He asistido a su procesión, mucho más pintoresca para un artista que las de nuestras imágenes, con sus cabelleras y sus vestiduras humanas como terríficas muñecas chinas. He visto la elección

---

[96] Del himno compuesto por Teodulfo de Orleans (m. 821) que dice "Gloria, alabanza y honor te sean dados, Rey Cristo Redentor, / a quien el esplendor de los niños aclamó: ¡Salud al piadoso!". Se entona en Domingo de Ramos.

[97] Primeras palabras del himno "Pange lingua" (véase la nota 43). Ese himno también se menciona en "Violaceus".

que usted ha sabido hacer del protagonista, y ahora, antes que se corte los cabellos, vengo a pedir permiso de reproducirle en el lienzo, así vestido de blanco y trepado en su borriquillo, sobre un fondo tropical. Será una composición mística muy sevillana, a la manera de las Vírgenes del barrio de Santa Cruz y los Niños-Dios del barrio de la Trinidad, que pintó nuestro Murillo, y yo le seré acreedor, señor cura, de haberme sugerido la idea y de facilitarme el modelo.

Y encarándose con Pedro Miguel:

—¿Sabes, Josú-chavá —dijo, agitando el acento—, que eres más hermoso que un pecado y casi tanto como una hembra fea?

El cura había comprendido intuitivamente quién era ese original, y no le cogió de improviso cuando quiso explicarle que, por modo inesperado, como siempre, acababa de regresar de sus viajes y que volvía a ser su vecino, pues tenía su taller en aquel corral de San Juan de la Palma, de donde todo el santo día se escapaban punteos de guitarra y redobles de castañuelas, hasta dar el baile de San Vito a la piedra de esquina. Tal vez él, Sem Rubí, tenía poca religión y mala reputación; no importa: serían camaradas.

Y el hecho es que el vasco, tan retraído, se sentía inclinado simpáticamente hacia ese conocido de hacía cinco minutos y de toda la vida, pues era uno de sus cuadros el que primero le había evocado la Andalucía en que ahora vivía. Como ésta despilfarraba sus pensiles,[98] Sem Rubí derrochaba luces. Sin hacer pintura de pandereta, la suya era un chisporroteo, pero no de bengala, sino de pedrería, y la triple fisonomía de Sevilla y de los sevillanos se confundía en sus cuadros y sus retratos, como si, descendiente de aquellos semitas para cuyas prácticas era indispensable sangre agarena, cristiana o zíngara, mezclándolas en su paleta, él hubiese logrado dar al bermellón la translucidez generosa de la vida.

—¿Vendrán ustedes o me permitirán instalarme entre ustedes con mi caballete y mis pinceles? —puntualizó el pintor disponiéndose a retirarse—. Tendremos para sesiones y sesiones; pero, con el favor de Dios y de una luz propicia, llegaremos a la obra maestra, porque pocas veces me he sentido más en vena ante un asunto y más a gusto entre unos amigos.

Y lo particular era que él también parecía sentir lo que decía. Pedro Miguel, por su parte, no salía de su embeleso, y, cuando les dejó el gran artista, volvió a meter el brazo, que ya había sacado de la manga, y en la cornucopia disimulada entre dos credencias se contempló una vez más en su alba toga. Parecía haber ganado en estatura y en edad, y Deusto mismo no pudo menos de reparar extraviado que en el niño despuntaba ya el adolescente.

—¡El hambre que yo tengo! —bostezó Pedro Miguel, sacudiendo los mechones que le habían venido sobre los ojos—. Apúrese, *Amigote,* que yo también he comulgado y tampoco desayunado. Ya Mónica debe de estar impaciente de esperarnos.

---

[98] Jardines encantadores.

Salió. En vez de apresurarse, sin embargo, el sacerdote se sentó en un sitial hierático. Pero no meditaba. Con los ojos sobre el pecho, repasaba casi visualmente en el campo de la memoria las escenas de la procesión. También él se preguntaba si no había ido demasiado lejos en aquella personificación del *Noli-me tangere*.[99] Y con una desusada intranquilidad, los volvió hacia el crucifijo del testero. Era ceñudo y tétrico. Y ya sin poder refrenar su imaginación, sola se evocaba la luminosa juventud del Aprendiz-Maestro, cuya simple ausencia parecía haber ensombrecido la sacristía.

Después del almuerzo, Pedro Miguel, acostado muy tarde la víspera, en pie desde la madrugada, se fue a dormir la siesta. Era tercia entre las horas canónicas.[100] En la paz dominical, Deusto, sin salir del comedor, seguía el oficio en su breviario, mientras Mónica acomodaba los paños del culto instalada junto a la ventana. Una voz precavida les hizo interrumpir su quehacer a ambos.

Pajuela estaba allí, sin que con su trote furtivo de rata de sacristía, le hubiesen sentido. Un olor de cera apagada, de rapé y de incienso, iba con él a todas partes. El cura le dejo venir.

—Es el caso —anticipó el sacristán— que desde que en esta Santa casa han entrado mujeres todo marcha de cabeza.

El ama se enderezó en su asiento.

—De sobra sabe doña Mónica —se apresuró a añadir maquiavélicamente *Pajuela*— que esto no reza con ella, porque no son las peores las que llevan falda.

Hizo una pausa para calcular el alcance de sus cautelosas palabras. Desde don Palomero y su amanuense, hasta *Miajita* y *Pelusas,* pasando por *Carracas,* todo el escalafón de la parroquia venía conspirando aquel golpe de estado, desde larga fecha, y provocada la ocasión, habían escogido el momento.

—Esta mañana —reseñó con prolijidad— se ha producido un tropiezo durante la celebración del Santo Sacrificio, y cuando, a fin de repararlo, ya subía yo la escalerilla por detrás del santuario, *el Aceitunita* se ha encaramado sobre el ara, para edificación de los fieles.

El sacerdote, cejijunto, seguía aquellos preliminares, sin saber todavía dónde iban a parar. Comenzaba a ver en este paso toda una maquinación. Y la visión radiosa de aquella mañana, en medio de las luces y del incienso, volvió a precisársele.

—Como si esto fuera poco —reanudó *Pajuela*—, tal vez el señor cura ignore que *el Aceitunita* me tomó sobre la marcha por su cuenta y reprendió mi torpeza como no lo habría hecho el señor cura.

Volvía a callar, seguramente para darse tiempo de seleccionar sus locuciones. El párroco acabó por impacientarse.

—¿En resumen. . . ?

---

[99] "Noli me tangere" ("No me toques"), frase de Jesús a María Magdalena cuando lo reconoce después de la resurrección (Juan 20:17).

[100] Tercera hora después del amanecer, sobre las 9:00 de la mañana.

—¡A ver! Que como sacristán no puedo pasar ni por el escándalo ni por la vejación, y que uno de nosotros sobra; el señor cura debe decidir cuál.

Se planteaba tan terminante la alternativa, bajo su fingida blandura, que la entereza del vasco se sobrepuso, haciéndole levantarse como movido por un resorte.

—En tal caso, hágale entrega ahora mismo de las llaves.

Dijo, y volviendo las espaldas, para indicar que daba por terminada la entrevista, se acercó a la ventana, en un movimiento que le era ya familiar.

Ni los secuaces habían encarado la posibilidad de que el cura extranjero se atreviese a dar la campanada, ni el testaferro había podido concebir que se privaran así como así de sus servicios, que la Madre Iglesia siguiera existiendo sin él. Su puesto le parecía una canonjía inalienable, y he aquí que cuatro palabras habían anonadado todas sus presuntuosidades.

—Bien, bien —tartamudeó aturdido—. Hubiese debido comprender que el cizañero ha traído desde la catedral su mal ángel a nuestra parroquia; que estamos de más los buenos, los viejos, desde que San Juan de la Palma trata de remozarse; pero, ¡cuidado!, pues quien con chiquillos se acuesta, aviado amanece.

Todo su impotente despecho se estrellaba contra la impasibilidad de esa gente del norte. Mónica proseguía su labor. Deusto continuaba mirando al patio, y tal vez ni había prestado oído.

Sólo cuando se quedaron solos, el amo se volvió contra la criada, con el ceño vizcaíno, terco y testarudo, como provocando nuevas contradicciones. Pero ella dio su parecer simplemente, como si se lo hubiese pedido.

—Todo lo que usted haga estará bien, y tanto peor para el que así no lo entienda.

Ante aquella ciega aprobación, flaquearon las veleidades del vasco. Volvió a sentarse, apoyando el codo en la mesa, descansó la cabeza en la mano. Sentía, por primera vez en su vida, que le escapaba el control de sus actos, y no estaba seguro que su corazón no hubiese sobornado a su voluntad.

Pero aún no lograba poner en claro sus ideas, cuando ya el adjutor hizo irrupción en el comedorcito.

—¿Ha despedido usted a *Pajuela?*

—Se ha despedido él mismo.

Don Palomero iba a abrir la boca; su superior le contuvo con un ademán.

—Y porque aborrezco los malentendidos, y para evitar otros pasos en falso —conminó sin alterarse—, le prevengo desde ahora, don Palomero, que tampoco contradeciré a los que crean manifestarme su reprobación retirándose de mi lado. A quienquiera que sea, téngalo usted tan por hecho como por dicho.

Rápidamente, el sevillano juzgó las posiciones. Se podía no transigir, pero había que someterse, pues ni quedaba el recurso de tentar queja ante la curia eclesiástica: Deusto contaba incondicionalmente con el Metropolitano; el Provisor no dejaría de salir por

Pedro Miguel, y por sus motivos…; y abandonando a su suerte a *Pajuela* se limitó a cerciorarse de quién lo reemplazaría.

—Pedro Miguel, por de pronto. Más tarde, veremos.

Fue así, sin pensarlo ni buscarlo, cómo, un año después de su arribo, *el Aceitunita* entraba en posesión de las llaves de San Juan de la Palma.

Esa noche, Deusto soñó que subía una torre interminable, solo y sintiendo anochecer, sin que viese el fin de aquella espiral fantástica. Al cabo, desembocó a una especie de explanada dominada por una veleta en forma de arcángel, cuando ya despuntaba el firmamento sobre él. Abajo, un mar de vapores, de esas miasmas que ciegan al crepúsculo las aguas todas y obstruyen todos los caminos, le ocultaba la tierra. Se volvió hacia la estatua del giraldillo y vio que era un torvo Cristo, al cual le servía de aureola un plenilunio de sangre y cuyos brazos crucificaban el espacio. Pero conforme iba acercándosele desaparecía su expresión de vampiro, la luna se doraba, los brazos de Orca de la Cruz parecían las mangas flotantes de una túnica, y ahora era el Buen Pastor con su sonrisa buena, y después ya no era sino la Madona de blancas alas con el halo de una luna de plata. Entonces él quiso besarla[101] los pies, y la luna fue eclipsándose, y a la claridad de las estrellas los rasgos angelicales descompusiéronse en una sonrisa abyecta, dos puros ojos azules en un rostro lleno de afeites de cortesana. Deusto se despertó gimiendo, y en medio del conticinio de la alta noche, tardó en volver a conciliar el sueño.

No lejos, Pedro Miguel, por coincidencia, también soñaba algo con ciertas analogías: Don Palomero, *Pajuela, Carracas* y una gitanería capitaneada por los gemelos Cosme y Damián, agitaban palmas y extendían a su paso sus arambeles verminosos, mientras *los tres Magos,* con las pupilas ciegas vueltas hacia él, hacían como que cantaban, sin que se les oyese ninguna voz. Y todo se pasaba en el mismo tumulto sordo. Una gitana, pálida como una muerta, besábale golosamente en la boca, como quien muerde la pulpa de una fruta, sin soltar un purpúreo clavel que llevaba entre los dientes. Y el zumo encendido y salobre de la flor y de la caricia iban tiñéndole los labios y penetrándole las venas como de una ponzoña. Deusto vino a su socorro, y sacándole por la mano y como si le presentase, dijo en latín: *Ecce Rex Judaeorum* (éste[102] es el Rey de los Judíos), y sus palabras sonaron sin eco en medio de aquel glacial silencio. De pronto, se encontraron solos en una calle incierta y desierta, y ya no era Deusto, sino Sem Rubí, el que le conducía, sin dejar de tremolar un lábaro[103] donde estaba pintada con sangre la palabra *Inri*.[104]

Mónica, por su parte, se había dormido muy tarde, y tampoco tuvo un sueño tranquilo. Y tal vez habría sido cuerdo que los tres seres solidarizados bajo un mismo techo, se hubiesen comunicado al despertar sus respectivos sueños. Pero ¡quién sabe

---

[101] Otra instancia del laísmo peninsular.
[102] Hemos corregido "este" por "éste" y "Judeorum" por "Judaeorum". D'Halmar no traduce "Ecce", que sería "He aquí". De todos modos, en la Vulgata no dice "Ecce" sino "Ave".
[103] Estandarte de los emperadores romanos que a partir de Constantino ostentaba una cruz y el monograma de Cristo.
[104] Inscripción en el crucifijo católico, por "Iesus Nazarenus Rex Iudaeorum".

darles ni importancia ni significado! Sin embargo, esa noche de Domingo de Ramos, una influencia inconsciente, pero única, había pasado vaticinadoramente sobre San Juan de la Palma.

Soñaba Mónica que se hallaba, no en la iglesia, sino en una especie de oratorio que dependía de ella, que caía realmente del lado de la calle de la Feria, y cuyas ventanas quedaban toda la noche abiertas para que los viandantes pudieran detenerse ante el Jesús de los Afligidos, rezar una jaculatoria y contribuir con una limosna a la luz perenne de su veladora. El ama estaba allí, en mortal espera, y debía de ser tan terrible lo que aguardaba que, al recobrar los sentidos, se encontró bañada en un trasudor de congoja. Amanecía. Se levantó, y durante el tiempo que tardó en vestirse trataba, como quien descifra un enigma, de recordar qué era lo que esperaba en su sueño. Y por inexplicable manera, ya enteramente desvelada, *sentía que lo sabía, pero que no atinaba a decírselo a sí misma.*

RUBRUS[105]

"¡Lejos de mí! Lejos de mí esas censuras que traen la perturbación a mi alma y el insomnio a mis ojos.

Me han dicho: "¡Qué desmejorado estás!" Y yo les he contestado: "Aun no lo sabéis bien". Y ellos me han dicho: "¡Eso es el amor!" Y yo les he preguntado: "¿El amor puede aniquilar de este modo?" Y ellos han insistido: "¡Es el amor!" Y yo he dicho: "No quiero amor, ni la embriaguez del amor, ni las tristezas del amor".

¡Ah! ¡Sólo quiero cosas sutiles que calmen, que sirvan de bálsamo a mi corazón atormentado!"

(POESÍA ORIENTAL)[106]

---

[105] La novela está dividida en tres secciones según los colores de la vestimenta eclesiática. En este caso, el cura se viste de rojo. El adjetivo usual en latín es "ruber", no "rubrus", pero "rubrus" sí consta en unos pocos autores antiguos.

[106] De nuevo, la fuente es la traducción de Blasco Ibáñez de la traducción de Mardrus de las *Mil y una noches*. Es de la historia "El jorobado y el sastre", en la noche 73 de esa edición.

I

——¿Dice usted que el cuadrito representaba la Torre del Oro, y que usted no tenía doce años, y se recuerda de haberlo visto en su casa? Pues eso es. Fue una serie de estudios que hice para mi gran máquina de la Exposición Internacional de 1900, cuando frisaba, por mi parte, en los veintiocho. Conque ya ve usted, cura Deusto, que la diferencia de edad que va de mí a usted es, más o menos, la que hay entre usted y este chiquillo. Y es que, sin figurármelo, yo voy siendo un viejo.[107]

Colocado a contraluz, Sem Rubí llenaba el lienzo a grandes brochazos. Tenía puesta una curiosa blusa de taller engolillada que, pudiendo chaparle a la antigua, le hacía semejar a un cóndor con su gorguera.[108] Sobre una tarima, Pedro Miguel, vestido con su túnica, parecía más que nunca un Niño Jesús sobre su peana. Íñigo Deusto, recogido en la penumbra de una especie de camarín, entre colgaduras y trofeos árabes, se calentaba delante de un monumental brasero, oyendo muy próximo el ruido de élitros que subía de la Academia.

——¿No le molesta hasta para ver este chicharrear constante?

——¡Pish! ——El pintor se reculó a fin de medir el efecto.—— He llegado a creerme que así se deletrea el silabario de la juerga andaluza: alegre como unas castañuelas. ¡Ay! Esa escuela de danzas viene a ser un cigarral como usted dice, de donde las sevillanas van escapándose para ir a aturdir Dios sabe bajo qué cielos. ¿En qué *music-halls* de esplín o de folía volverán a cascabelear estos palillos, al compás de qué jácaras desapacibles o desabridas, desamparadamente exóticas? Y yo adoro este rincón de vilayet,[109] con el aéreo repique de las campanas en la que fue mezquita de Khourma-agdadj-e, de la Palma, y acá abajo, como en una zaca, el redoble acezoso de esos crótalos de añoranza y aventura.

——Es que usted es de aquí.

——¡Ca! Ni más ni menos que usted.

El otro le miró atónito.

---

[107] Hay un problema de fechas aquí. Si Deusto tiene doce años en 1900, no puede tener treinta y tres en 1913.

[108] Un detalle americanista, como lo son también la cubana de la parroquia (un poco más adelante) y la tumba de Colón. D'Halmar no deja de olvidar las relaciones culturales entre la España de la novela y su América natal.

[109] Término otomano que se refiere a las divisiones del Imperio, según la legislación de 1867, del árabe *wilayah*.

—Tal como oye: y si allá en mis mocedades, hice mi patria chica, fue por el más chusco de los percances.

El cura volvió sin querer sus ojos al adolescente.

—¡Oh! ¡No tema ni por su pudor de vasco, ni por la inocencia de este gitanillo mauloso!— aquietó Sem Rubí, largando los pinceles para atascar su pipa—. Bajo su corteza de concupiscencias, mi lance tiene mucha miga moral. Voy a servirles unas gachas doradas en el mismísimo aceite de los infiernos.

Aprovechando el descanso, Pedro Miguel había descendido de su pedestal, para acercarse al bosquejo. El sacerdote, silenciosamente, vino a mirar por encima de su hombro.

—Ustedes no entrevén todavía lo que yo no hago sino vislumbrar. Mire usted, mosén Deusto —dijo el judío sin andar ya con ceremoniosidades—, quisiera hacer brotar de ese caos una flor de adolescencia, nueva como todo lo eterno, que pareciera neutra por lo mismo que hermética, y verdaderamente de raza en fuerza de no tenerla. Es un afán que me obsesiona desde que estudié a los griegos, y si no lo consigo con este condenado efebo, diga usted que vuelvo a mis huertanas de anchas grupas y a mis rejas para cromo, y el diablo se lleve toda mi escenografía.

—No lo entiendo —confesó Deusto.

—Porque usted no ha pensado en estas cosas, y, sin embargo..., ¡tanto peor para usted!

Volvió a coger la paleta haciendo, con un ademán impaciente, remontar al modelo sobre el entarimado. La tarde invernal andaluza penetraba por las claraboyas como una quintaesencia de luz, clarificada por la lluvia de esa madrugada y por el frío. Una banda de golondrinas en rezago cruzó hacia el África como una escuadrilla de diminutos aeroplanos. Deusto extendió maquinalmente las manos sobre el brasero.

—Mi aventura fue también por esta época —dijo Sem Rubí—; ¡pero hace ya tantas primaveras y tantos otoños! Y, sin embargo, si de cada caída de hoja guardásemos una, no tendríamos ni con qué tejernos una corona mortuoria. ¿No ha pensado usted, Deusto, que lo que pomposamente llaman el Libro de la Vida, apenas es un folleto? Se cree no haber tenido tiempo de leer el *ex libris,* y ya se está en el *finis opus.* Y para hablar vulgarmente, de página en página, llega uno al fin sin haberle encontrado la punta.

—Es usted ironista.

—Entonces habrá usted observado que la ironía no es sino una risa húmeda.

Cayó un largo silencio. La voz de la criada discutía en el recibimiento, con alguien.

—Ése es otro que sabe de qué mala pata cojea la perra suerte —dijo Sem Rubí—; y si no le dejamos entrar, se irá sin saber qué hacer de su alma, el pelmazo. ¿Usted permite, Deusto?

Fue al encuentro del visitante, y el vasco se preguntó dónde había visto ya a ese hombre, seguramente viejo, pero que se desembarazaba de la capa con tan gallarda soltura.

—Es de su parroquia, señor cura —advirtió el dueño de casa, haciendo las presentaciones; como en toda la Península le conocen por *el Palmero;* en cambio, tú, maestro, aquí tienes a nuestro párroco al que ya comienzan a llamar *el Niño Jesús de la Palma.*

—El año pasado había tenido el gusto de ofrecérmeles —recordó con cortesía el torero—. Sigue tú trabajando, y nosotros charlaremos.

—Te equivocas. Tu llegada me interrumpió en una anécdota y, aunque te la sabes de memoria, déjame proseguirla.

—¿Vas a hablar de ti?

—Voy a hablar de ella —corrigió el pintor.

—Es igual.

—¿Qué quieres que yo le haga, asaúra?[110] Coge un periódico o enciende un pitillo.

—Tienes brasero; me instalaré junto al fuego y haré cuenta que no escampa —resolvió el toreador con cómica melancolía—. Anda, tú, maestro, reanuda.

—Pues sí, era por esta época —repitió Sem Rubí, haciendo rodar su caballete más cerca de la ventana—, y comenzaba a conocer ese sentimiento de que habla Byron cuando dice que uno puede consolarse de todo una vez que se ha consolado de no tener ya veinticinco años.[111] Vivía soñando con el alma gemela, y cátate que una tarde, en la plaza Nueva, veo una mujercita así tan alta, adornada con unas plumas pintiparadas y que seriamente me examinaba de pies a cabeza, como un consejo de revisión. No le faltaba sino auscultarme. Y yo me eché a reír, a pesar mío.

La damisela no se desarzonó, y siguió su camino sin volver la cabeza, sabiendo demasiado que yo la seguiría. Y ella delante, y yo cerrando el paso, comenzamos a dejar atrás calles y más calles, hurgando todo el tiempo en mi magín[112] cómo entrar en materia. Iba ya a desplegar los labios, cuando una voz femenina me llamó desde un carruaje. Hube de acercarme al estribo para saludar a la malhadada, y, mientras tanto, la otra se perdió al doblar de una esquina.

—No me había atrevido a hablarle, creyendo acompañaba a esa dama —me dijo mi amiga.

Y yo, riéndome de dientes afuera:

—¡Oh, casi! ¡Pero ya volveré a encontrarla!

¡Que si quieres! A partir de ese día, y durante meses y meses, no hice sino revolver aquellas cajuelas y sus alrededores, antes de la hora, a la hora y después de la hora, y, al fin, a todas horas y por todas partes, porque la idea de tropezar con ella iba convirtiéndoseme en idea fija. Si llovía, si abrasaba el sol, maldecía el tiempo que tal vez la retenía en casa; y, con todo, salía yo a arrostrarle no pudiendo tenerme quieto, considerando perdidas todas las horas que no consagraba a mis inútiles indagaciones; y si primero frecuenté

---

[110] Asaura: un gitano, personaje de *El parto de los montes* de José Sanz Pérez (1849).

[111] George Gordon, Lord Byron, escribió el 1 de diciembre de 1813 en su diario: "I shall soon be six-and-twenty. Is there anything in the future that can possibly console us for not being always twenty-five?"

[112] Magín: imaginación, ingenio.

la sociedad, por si topaba con ella, concluí descuidando mis relaciones y renegaba del importuno que me detenía un momento en mi carrera loca. Ustedes se imaginan cómo marcharía mi trabajo, puesto que no me quedaba un minuto libre. Volvía derrengado, pero con el consuelo de ser más feliz al día siguiente. Temía que una enfermedad me postrase, y si cuidaba como nunca de mi vestir, no me atrevía a modificarlo y lo renovaba idéntico para que ella pudiera reconocerme a primera vista. Lampiño estaba, y afeitado me quedé, y conforme pasaba el tiempo y mudaban las estaciones y las modas, yo pensaba con desesperación que ella ya no podría llevar el mismo sombrerito pintiparado, y que bajo otros adornos tal vez no sabría descubrirla. Lo peor fue cuando vino el Carnaval, porque yo, que lo corría desde hacía tanto, tratando de descubrir, no una máscara entre las comparsas, sino, lo que es más difícil, un rostro entre los rostros, escudriñándolos impertinentemente, me vi forzado a ir a todos los bailes, siempre en la esperanza ilusoria, del mismo modo que asistía a los servicios religiosos. En el teatro, en los toros, perdía el espectáculo por atisbar palcos y tendidos, y si nada, fuera de ella, me hacía prolongar mi residencia en Sevilla, no hubiese acertado a cambiarla por ningún otro rincón del globo. A veces discutía su población, inquietándome de verla acrecentarse. ¡Cómo! ¡Cincuenta mil almas ya! Y, sin embargo, puedo jurar que una buena parte había llegado a serme conocida de vista, y había aventuras que me salían al paso y gentes que se encontraban en mi camino hasta cobrarles ojeriza. Mi incógnita, en cambio, a no estar en un claustro, no aparecía por ninguna parte. En fin, imaginando que ella sí era libre de ir y venir, también me vieron las estaciones a la llegada y a la salida de los trenes; creo haber acabado por seguir los sepelios, y, por lo menos el mes de Difuntos, peregriné por las necrópolis.

Y había los presentimientos: si al salir diviso al vecino, señal de que voy a encontrarla; o las supersticiones, que me volvían casto so pena de no dar con lo que buscaba; o los sueños, que me hacían visitar los sitios más improbables; o la inspiración, que me llevaba a andar y desandar, a atravesar de una acera a otra y a correr en opuestas direcciones; o los augurios calendariales: hoy, veintisiete . . . mañana, martes . . . en este mes de septiembre . . . Después me puse a aguardar con ansia el primer aniversario de nuestro encuentro, persuadido de que, por no sé qué telepatía sentimental, ella también contaba sobre esa fecha y, al año, día por día, a hora precisa como a una cita, acudiría al mismo sitio para conmemorar.

No; ustedes no pueden figurarse el cuerpo que toma con el tiempo una manía. Aquella mujercita como todo el mundo, era para mí el mundo. Consulté sonámbulas más o menos clarividentes, que desembrollaron en los posos del café un intrincado derrotero. Lamentaba no ser célebre, para haber fijado su atención y que conociera mis señas. Tuve que contenerme para no insertar anuncio en los "Hallazgos y Perdidas" de los periódicos. Y San Antonio, el de los objetos irrecuperables, y Santa Rita, abogada de imposibles, retuvieron mis ofrendas y no ganaron mis mandas. Como último recurso, hasta abrí mi corazón a la amiga de marras y, con sarcasmos en la voz y lágrimas en los ojos, le pedí me socorriese en mis pesquisas: necesariamente se había fijado en mi sílfide, y si volvía a hallarla y me indicaba su paradero, comprometería mi gratitud eterna.

A todo esto, no había tenido tiempo de detenerme a considerar cuál sería su acogida. ¡Si me iba a parar yo en pelillos! Una vez localizada su existencia, todo me parecía hacedero, y creo que hasta esperaba, sin decírmelo, que así, a la primera mirada, caeríamos el uno en brazos del otro. La idea de que ella también se consumía esperándome, tal vez buscándome por su lado, me requemaba; pero pensar, en cambio, que podía permanecer ajena a mis cuitas, resultaba para mí insoportable. Éramos dos tomos descabalados en la baraúnda de una biblioteca, y ambos, forzosamente, debían suspirar el uno por el otro. Sólo que menudo ajetreo para llegar a reunirlos y a completar la obra.

Mucho debe de poder la voluntad, o es a la casualidad a la que uno debería encomendarse, pues un día entre los días, como dicen los cuentistas orientales,[113] una mujer que pasaba me paralizó la sangre en las venas, me cortó el aliento, cuanto más la marcha, y, en el momento de encontrarla, por poco no vuelvo a perderla. Me rehice, y recobrando terreno, desalado, la cerré el paso, como un aparecido, sin voz y casi sin juicio. Y fue ahora su turno de reírse.

Pero yo no podía estar seguro ya de su identidad, y si no hubiese reparado antes en mí y retenido el recuerdo de nuestro primer encuentro, no habría sabido a qué atenerme. Por fortuna dijo algo mucho más increíble: "Le veo muy a menudo, caballero; pasa usted por mi calle y, a las veces, por mi vera, pero siempre husmeando como un sabueso, hasta el punto que más de una vez he estado por pararle y preguntarle qué pista persigue".

¡Caramba! ¡Era el colmo! No sé cómo no me deshice de buenas a primeras en improperios. Y allí, en medio de la calle, empujados por los transeúntes, invectivados por dos cocheros, le compendié como pude la historia que vengo haciéndoles. Después la cogí por el brazo y juré que no habría poder humano ni divino capaz de arrancarme de su pretina; que a partir de ese momento no la perdería pisada, que su camino sería el mío; todas las locuras acumuladas en esos dos años, ¡dos años!, se precipitaban como cuando se levanta la esclusa de un torrente; y si no la cubrí de besos, fue porque llevaba echado el velillo. Descubrir un nuevo mundo debe de causar impresión, pero yo me río ante la que se siente al volver a encontrar a la mujer de nuestros sueños. Y para el desacreditado mar de las pasiones no hay paralajes ni brújulas que valgan.

—¡Uf! ¡Vaya con el monólogo! —resopló *el Palmero*, cuando el pintor hizo alto para respirar y volver a encender su pipa.

—¡*Dixi!* Pues la moraleja se la supone cualquiera. Ese madero tan laboriosamente labrado ha sido mi cruz. Debí no hallarla nunca o haberme amparado de ella la primera vez, porque en el intervalo había pasado la vida. Diecinueve rupturas, de a una por año, no dan motivo sino a otras tantas reconciliaciones. ¡Bah! No se esquiva uno de sí mismo, y esa mujer perdida vuelve a encontrarse en mí. Ahora por la vigésima vez, escapando

---

[113] Referencia a las *Mil y una noches*, fuente de los epígrafes de la novela.

de ella, me he vuelto a Sevilla solo. Como la muerte, mi mala sombra no pierde nada por esperarme. Y yo, que tanto la perseguí, no lograré nunca más escaparle; porque si es difícil tomar un alma, lo es más aún el zafarse de un cuerpo.

Sem Rubí había discurrido de un tirón, sin dejar de pintar con frenesí y, cuando acabó su relato, se encontraba que también había diseñado enteramente su composición. Se dejó caer sobre el canapé, junto a sus amigos. Y los tres hombres, con la vista perdida en la lumbrera, vieron adherirse a los vidrios ese como vaho azulejo con que los va empañando la hora. El muchacho había vuelto al cuadro.

—No, nadie evita su sino —murmuró el matador, como si divagase— y tratar de escaparle no viene a ser sino una manera diferente de correr en pos.

Y como guiado por una misteriosa correlación de ideas:

—¿Sabes, Sem, que Rosario Salut ha vuelto y se hospeda en casa de Giraldo? Viene al Mediodía a reponerse del pecho. No quiere ni que se le hable de teatro, y cuenta con que el mundo la olvide y con olvidar al mundo, hasta la primavera.

—Tú recuerdas que yo había hecho de ella, en una de sus creaciones, un pastel que su regio y boreal protector supo pagarme regiamente.

Hojeaba un álbum y extrajo cierta fotografía de gran tamaño representando una manola con basquiña goyesca, en cuyo rostro, empalidecido por la mantilla de luto, renegrían los ojos. Y podía decirse que el conjunto convergía a esos ojos, con algo de la fosforescencia larvática y a la vez sideral de las luciérnagas.

—Yo le sorprendí esa mirada como sudorosa de los tísicos —comentó Sem Rubí, inclinando hasta las últimas luces del día su perfil y gola de buitre—, y ya en aquella época, un especial habría adivinado, con ver nada más que el retrato de esta mariposa negra, que un rayo de luna la fulminaría: ¿eh, *Palmero?*

Y dirigiéndose a Deusto y a Pedro Miguel, que acababan de ponerse en pie:

—Hablábamos de *Neva,* la Valenciana, cuya es esta efigie, más conocida entre nosotros por *la Niña de las Saetas,* puesto que en un amanecer de Viernes Santo de hace diez años hízose popular cantando una *saeta* desde los balcones del Círculo de Labradores,[114] la antigua Prisión por Deudas de Sevilla, donde —deudor insolvente— el Príncipe de los Ingenios, imaginó, para alivio de caminantes, el espejismo de la sin par "Dulcinea" y el alucinado "Caballero de la Triste Figura".[115]

—Yo todavía no la he oído —dijo el cantorcito, siguiendo su idea.

—Ni podía ser, gachoncillo, a menos que hubieses ido a Madrid, a París o, sobre todo, a Estocolmo; porque desde que tú estabas en andadores, ella no ha vuelto acá hasta hoy, y Dios ha de decir si para confusión o gloria de su rendido cuanto asendereado amador *el Palmero,* alias el "*Rey del Volapié*".

—¿No cantará?

---

[114] El Real Círculo de Labradores, fundado en 1859, ocupa un notable edificio en la calle Sierpes con la calle Caravaca en el centro histórico de Sevilla.

[115] Referencia a la cárcel que sufrió Cervantes en Sevilla en 1597, mencionada en el prólogo a *Don Quijote.*

—Probablemente en mi taller y cuando venga a ver tu apoteosis, ya que nuestro cura no quiere introducir mujeres en su coro. *La Neva*..., maestro Alcázar..., maestro *Palmero*..., maestro Sem Rubí, y eche usted maestrías! La verdad es que este invierno tenemos "lleno completo".

II

La parroquia había ido habituándose tal vez a su cura forastero, pero las diez o doce beatas que formaban el gallinero espiritual de San Juan de la Palma no habían podido conformarse al nuevo estado de cosas. Antes, desde la primera seña para la primera misa, abandonaban sus hogares a las criadas para servir la Casa de Dios, donde se tenían en cuenta sus cacareos. Y podían cambiar con ventaja el placer femenino de revolver trapos en las tiendas, por el manejar paramentos y paños de altar; distribuir floreros era casi tan absorbente como confeccionar dulce de membrillo. Y, de cuando en cuando, valía la pena armar rivalidades para que, tomando aparte a cada una, el capellán pusiese la paz entre ellas; si no, allí estaba don Palomero, cebado como un capón, para recurso de amparo, y, como última apelación, *Pajuela,* delgado y amarillento como una mecha para encender cirios, pero que, en sus treinta y tantos años de sacristanía, se había convertido como quien dice en su confesor de cabecera y hasta de mesilla de noche.

De aquellos goces inefables no les restaba, una vez al mes, sino el Jubileo Circulante: relevándose por turno de parejas ante el Santísimo y ostentando los escapularios de sus cofradías, podían susurrar todavía de reclinatorio a reclinatorio, y la sola procesión de Ramos, con *el Niño Jesús de la Palma,* daba tema para exceder la hora que dura cada velación.

Lo que vino a concluir de alborotar al cotarro fue el inaudito desahucio dado a *Pajuela y* la entronización en sus funciones del que ellas llamaban con su segunda *el Pollito.* Ahora era él quien, vestido con sotana negra y corto roquete de tul sujeto al cuerpo y desplegándose sobre los brazos en bocamangas flotantes, recibía en la misa mayor y después del ofertorio el incensario, de manos del subdiácono, que acababa de incensar al diácono que acababa de incensar al celebrante que acababa de incensar la oblata; y avanzándose entre Cosme y Damián, el turíbulo y el turiferario,[116] hasta la verja misma del comulgatorio, donde comenzaba la parte del templo reservada a los fieles, les incensaba por tres veces: al centro, a la derecha y a la izquierda, y después saludábales automáticamente con la cabeza, como para hacer humillase las suyas... El escándalo doblaba la injusticia, y las damas patronesas no se hallaron capaces de contenerse.

---

[116] El incienso y la persona que lo lleva en la naveta.

Pero ¿cuál le pondrá el cascabel al gato? Aquel vasco inabordablemente serio, si no les infundía respeto, las intimidaba, y tardaron largos días en conjurarse antes de decidir delegar a la más inofensiva y, por lo mismo, la menos determinada de todas.

Doña Carmen no era sevillana, a pesar de su nombre, sino esposa del cónsul de Cuba. Debía de haber poseído todas las morbideces, que la vida criolla había ido convirtiendo en lentitud de espíritu y en amasijo de exuberancia. Tal cual, era una matrona con pudibundez doncellesca, y fue el a menudo irreverente don Palomero el que dijo que tenía ojos de virgen embarazada.

Concluía de decir Deusto su misa, cuando la designada se le aproximó zurdamente. No sabía por dónde empezar y disimulaba su turbación bajo una sonrisa de Gioconda sin misterio, mal avenida con su doble barba y con los bastiones inexpugnables de su seno.

—Señor cura —enunció, afianzando su voz, con una tosecilla que repercutió de un modo inconveniente en el ámbito vacuo—. Quisiera ocuparle de algo que interesa y preocupa a su parroquia.

Deusto trató de animarla con su afabilidad. Habría debido familiarizarse tras del confesonario con la conciencia de aquellas penitentes; más de una vez había tenido que retrotraerles de los mil escrúpulos en que se extraviaban. Pero si los hubiese compartido, seguramente se hubiera captado mejor su confianza que mostrándose indulgente. Su acogida de ahora produjo el mismo contraproducente efecto.

—Es —balbuceó atolondrándose la embajadora—, es..., algo tan delicado y tan difícil.

—¿Se trata de usted?

—No, señor cura, puesto que le dije que concernía al curato.

—¿De mí, entonces?

—De usted, sí, señor cura.

Había dicho ya demasiado, y todavía demasiado poco, pero el resto se le aparecía monstruoso.

—Vamos entonces por partes —ayudó el sacerdote—. ¿Quiere usted que pasemos a la vicaría?

Pedro Miguel cerraba tras de sí en ese instante la verja del presbiterio, y su débil chirrido acabó de sobresaltar a doña Carmen.

—Si usted permite, lo dejaremos para mejor ocasión, señor cura.

—¿Por qué? —profirió él, impidiéndola escurrirse y siguiendo con la vista al adolescente para cerciorarse de que se volvían a quedar solos—. Ahora soy yo el que necesita saber lo que la ha dado apelarme.

La matrona comprendió que no había evasiva y, cerrando sus lánguidos ojos, dejo que su boca hablara:

—Se refiere a ese joven —murmuró apenas distintamente—. Yo no lo digo por mí, pero hay más de una feligresa que comienza a inquietarse de la injerencia que toma en nuestros asuntos.

—¿"Nuestros"? —repitió el cura extrañado.

—Nuestros, sí; de la parroquia, que todos consideramos patrimonio común.

—¿Qué se le moteja, pues?

—¡Oh! A él nada, y su persona no nos atañe sino por la desconsideración que puede echar sobre su cargo, sobre un cargo de tanta responsabilidad como el suyo, señor cura.

—Le ruego, señora, de explicarse más claro; de decir más bien dicho todo lo que piensa—intimó el vasco.

La dama cubana abrió un instante los ojos, pero volvió tan pronto a cerrarlos.

—En fin, señor cura, se dice que ese jovenzuelo es su...

Y sin ver siquiera el movimiento que el sacerdote había hecho para evitar que concluyese, la pobre se detuvo con la voz estrangulada por la confusión.

—Eso—expresó con calma Deusto— no son sino suposiciones absurdas... ¿Cómo podría ser mi hijo, aunque yo fuera menos joven que lo que soy, si no ha salido de Sevilla, y yo, en cambio, hace apenas dos años que puse los pies, por mi desdicha?

La criolla abrió desmesuradamente los ojos. Tanta simplicidad habíala desarmado.

—¡Oh, señor cura! —dijo efusivamente—. Ahora podré salir garante de que usted es un santo varón, muy por encima de cualquier conjetura. Verdaderamente es usted un santo.

Deusto no podía comprender aquel cambio de actitud, y a su vez la escudriñaba, entre desconfiado y desorientado.

—¿Era todo lo que usted tenía que manifestarme?

—¡Todo, todo! —se apresuró a confirmar doña Carmen. —Y ahora, jure que me perdona haber tornado esta desgraciada iniciativa. Prométame que no volverá a acordarse siquiera de lo que acaba de pasar entre nosotros.

—Vaya usted con Dios, señora —dijo simplemente el cura, rehuyéndose para dejarla pasar.

Pero doña Carmen, como en todas las grandes ocasiones de su pequeña vida, tenía listas algunas lágrimas, y le habría parecido más decoroso y hasta menos embarazante humedecer con ellas las manos del sacerdote. Su poco alentadora actitud la hizo desistir, sin embargo, y éste fue el único agravio que tuvo que reprocharle al retirarse.

Deusto, en cambio, quedaba preocupado. Sentía pesar sobre él, como un mal entendido, y esa noche, bajo la lámpara, mientras fumaba su pipa Sem Rubí (que ahora venía frecuentemente a comparar sus veladas, con entero beneplácito de Mónica) y Pedro Miguel ensayaba hacer un dibujo del gato, se decidió a contar lo que le pasaba y, sin tampoco darse cuenta por qué, lo hizo con cierta reticencia. Sus auditores habían levantado la cabeza, con súbita atención, y en la puerta de la cocina apareció la figura del ama, atraída también, no se sabe cómo, por el relato.

—¿Qué dice usted de esto, Sem Rubí?

Hubo un silencio; el muchacho, alzando los hombros, había vuelto a enfrascarse en su tarea; el pintor y Mónica, sin que Deusto se percatara, habían cambiado una mirada por encima de su cabeza.

—Pues nada —dijo Sem Rubí—. Ya debe esperarse ésta y otras muchas cosas.

—No entiendo —dijo el vasco, usando su palabra favorita. —Debe de ser la ociosidad la que mete en la cabeza de esas mujeres ideas tan desprovistas de sentido.

El ama había quedado inmóvil; parecía no prestar atención; pero miraba al pequeño dibujante con una expresión reconcentrada.

—¡Eh, Mónica! le gritó Sem Rubí alegremente y casi al oído.

La vizcaína tuvo un sobresalto y volvió a sus quehaceres. Aquel huésped reciente había sabido ganarse su confianza, y le permitía traviesas familiaridades que hasta la hacían sonreír.

—¿Quiere usted que hagamos una partida?

Se instalaban así muchas noches, a la mesilla de juego, uno enfrente del otro, mientras el Aceitunita retozaba con Amiguito. Y como eran de igual fuerza al ajedrez, las piezas apenas parecían cambiar de sitio, hasta que el ama venía a retirarles tiránicamente el tablero o hasta que la lámpara, falta de petróleo, comenzaba a extinguirse.

—Usted comienza.

Con la barbilla en la palma de la mano, el vasco se absorbía de costumbre en su ataque o en su defensa; pero esta noche dijo algo sin ninguna relación con las jugadas.

—¿Qué cree usted, Sem, que les ha sugerido aquella historia? ¿O será que Pedro Miguel y yo tenemos alguna semejanza?

El pintor sacudió sobre el pulgar las cenizas del tabaco y comparando uno con otro, al rubio imberbe y al cetrino vasco, se echo a reír francamente.

—¡Ah! ¡Eso no, caramba!

—Sin embargo, a veces he llegado a creerlo yo mismo —insistió Deusto, mirando a su vez al Aceitunita, que también había vuelto hacia él los ojos—. Usted, que es pintor, fíjese más bien en la expresión que en las líneas. ¿No encuentra que Pedro Miguel y yo tenemos como un aire de familia?

Sem se había puesto serio, y fue casi con condescendencia que tocó en el hombro a su contrincante.

—He corrido la torre, y usted está jaque. No, tampoco puede cubrirse con el caballo, porque tengo mi alfil sobre la línea. ¡Qué diablo! ¡Esta noche se le van a usted algunas!

—En realidad, no estoy en el juego —asintió Deusto, rechazando el damero— y si usted permite, lo dejaremos en suspenso.

Sin insistir, Sem Rubí se levantó y dio algunos paseos por la estancia. Mecánicamente atiborraba la pipa. Deusto, a su vez, se había acercado a la mesa, y con la mano sobre la cabeza del Aceitunita, seguía los trazos de su carboncillo. El gato, en actitud de esfinge, se había dormido, la nariz contra la carpeta.

—Ese Giraldo Alcázar, que me ha anunciado para mañana su visita, y que usted conocerá, si acompaña al taller a Pedro Miguel, es un harto curioso personaje —dijo Sem Rubí, frotando una cerilla—. Seguramente no vendrá solo, ya que la Neva se hospeda en casa suya, y en todo caso no habría dejado a su secretario y a la mujer de su secretario, con los que forman el más esotérico de los triángulos.

—¿Cómo así?

—Ante todo, usted no conoce al poeta y no puede saber que con diez, ¡qué digo!, con doce lustros largos encima, ni usted ni nadie le creería siquiera cuadragenario. Es sin edad, más bien dicho, como una especie de Dorian Gray[117] y como el héroe de Wilde, presume de dandysmo y de snobismo. No se concibe que ese hombre, tan atildado y morboso en su vida, sea en su obra el simple y fuerte autor de *La Sangre y el Oro.*

—¿Qué hay, pues, de tan complejo en su vida?

—¡Le parece a usted poco! (y no hablo con la lengua viperina que se me atribuye, sino por boca de todo el mundo). Esa *trinidad,* en que *Él, Ella* y otra vez *Él,* son, como quien dice, tres sexos distintos y un solo amante no más. Tienen un niño, una niña, creo. Y ninguno sería capaz de discernir su verdadera paternidad y, por poco, su maternidad. En fin, que el gran poeta se ha perpetuado en su obra y en la de aquella ambigua pareja.

El cura Deusto había ido pasando por todos los colores.

—Por favor —suplicó en voz baja— usted que, en el fondo, es tan bueno, tampoco entiendo se complazca en remover cosas que yo, habituado al tercer sacramento,[118] ni consigo concebir ni sabría calificar. Si Mónica hubiese oído, y dado caso que comprendiera, usted se la perdía para siempre.

Sem, que le había mirado todo el tiempo bien de frente, bajó los ojos como arrepentido. En cuanto a Pedro Miguel, una quemante curiosidad le había empurpurado las mejillas, y aunque continuaba dibujando, por adoptar un continente, el portalápiz temblaba entre sus dedos.

—Será preciso que te haga mi discípulo —masculló Sem Rubí, sacando bocanadas de humo de su pipa— porque tus trazos son demasiado inciertos.

Una atmósfera de malestar había quedado suspensa sobre la sala. El pintor fue el primero en sacudirla, volviendo a detenerse frente al ajedrez y mudando de sitio los peones, en una partida maquinal y enigmática.

—¿Y usted cree que yo puedo permitir que este niño se acerque siquiera a semejantes personas? —resolvió, como sacando consecuencias, el cura.

—En mi taller, ¿por qué no? Vamos, no haga usted también el mojigato. ¿Sabe qué tipos no habrá frecuentado ya nuestro *Niño Jesús,* en sus cortos, pero seguramente fértiles años de vagancia, entre la gitanería de Triana, y aquí mismo, en Sevilla y en el propio Palacio Episcopal? Seguramente más que usted en todos sus enclaustramientos guipuzcoanos.[119]

—Lo cual no quita que sea un niño.

---

[117] Importante referencia a la novela de Oscar Wilde *The Picture of Dorian Gray* (1890). La temática homosexual de esa novela se hizo más visible luego de los juicios de Wilde en 1895.

[118] El de la confirmación.

[119] Esta última frase no se incluye en las ediciones de Zig Zag y Mago pero está en la primera (1924) y en la segunda (1938) aparece como "enclaustramientos andoainos". Andoáin es un pueblo de Gizpuzkoa ubicado en el Valle del Oria.

—… Con quince años andaluces. Un hombre debe alternar desde su primera edad entre toda clase de pestes, ya que el peligro no esta en los demás, sino en sí mismo.

—Creo, por el contrario, que se debe madurar en el árbol y en sazón, porque aquel que llaman fruto tempranero, o se pasma o guarda dejo de ceniza.

—Y, sin embargo, ¿cómo se explica usted, mosén[120] Deusto, que salgan menos perdularios, menos hipócritas sobre todo, de entre los artistas que entre los hijos de familia? Vaya, no me haga apesararme de una indiscreción que, en suma, no ha sido sino ligereza de mi parte.[121]

Había tomado el chambergo, que se olvidaba siempre hasta traer consigo a la sala. El vasco se lo quitó de las manos.

—Las paces, pero a condición, ¿eh?, y no porque yo no sea laico, sino porque, precisamente por no serlo, me aturden las cosas que menos debían. Si el mundo es así, déjeme usted creer que, bajo esta lámpara *de allá,* se está a salvo de sus asechanzas. Ya lo he dicho otras veces: Sevilla concluye bajo mis ventanas.

—Tampoco debo quedarme hoy hasta muy tarde, porque alguien hay seguramente que espera mi regreso.

—Cuéntenos que es una mujer y denos detalles sicalípticos.

—Es usted insoportable, mi pobre mosén; pero, de todos modos, se relaciona, en efecto, con las mujeres, porque, ¡en qué no intervienen en este mundo! Usted mismo, Íñigo Deusto, ¿no ha temido nunca enamorarse y quebrantar sus votos?

—Habría comenzado por no pronunciarlos.

—¿Y qué sabía usted entonces? ¡Como si Pedro Miguel profesara ahora! ¿Nunca ha tenido usted tentaciones?

—¡Dale!

—Porque no es usted franco.

—Pues, francamente, no, Sem Rubí; si alguna debilidad puede haberme aquejado en el fondo, muy al fondo, es la de los niños; pero para nosotros, sacerdotes, ¿no es ley natural la del *Sinite parvulos?*[122] Me parecen la sal de la tierra. Y si mi instinto amoroso fue nulo, no lo era esto que yo llamaría la vocación de prohijar.

—¡Ya, ya! ¿Ve usted cómo Giraldo Alcázar, adoptando a esos jóvenes y a su vástago, haciéndose de un golpe padre y abuelo, sin haber tenido mujer, no iba tan descarriado ni es tan descastado?

—¿Y usted, Sem?

—Yo he amado demasiado el amor, para buscar nada fuera de ella, y hasta he

---

[120] Mosén: un tratamiento de origen medieval que se usaba en la Corona de Aragón, utilizado en esta novela por Sem Rubí para tratar al cura.

[121] Esta última frase (De "Vaya" hasta "mi parte") aparece en la primera y segunda ediciones pero desaparece de la de Zig Zag y posteriores.

[122] Marcos 19:14: "Sinite parvulos et nolite eos prohibere ad me venire" (Dejad a los niños y no les impidáis venir a mí, porque de los tales es el reino de los cielos).

pensado con pena que las hermosas flores de azahar puedan convertirse en naranjas dulces y en limones agrios.

—¿Por qué quería irse usted, maestro? —preguntó *el Aceitunita,* como si sólo en ese momento levantara cabeza de su tarea.

—¡Tú estás en todo, zangolotino! —exclamó el pintor, volviendo a su tono ligero—. Un amigo que conoces, debe de aguardarme para tener noticias de otra amiga, que no conoces.

Y como Deusto se limitara a mirarlos con inquietud:

—No se alarme, Íñigo Loyola —apaciguó burlonamente—. No es sino *el Palmero,* ese jubilado de las arenas, que viene a preguntarme si Rosario Salut, la diva, su último quebradero de cabeza, consiente en venir mañana a mi taller, donde él no dejará de hallarse como por casualidad. ¡Qué intromisiones desempeño yo!, ¿eh? ¡Y entre qué borrascas sortea usted sin siquiera sospecharlo!

Como Mónica debía de haberse recogido ya, Deusto y el zagal, seguidos de *Amiguito,* condujeron al huésped hasta la puerta, y todavía dieron algunos pasos con él hacia la bocacalle. En la esquina alumbraban dos farolillos ante el retablo que reproduce en mosaicos la Virgen de la Amargura y el célebre San Juan de la Palma. Más lejos, ya en la calle de la Feria, se escapaba otra claridad mortecina, por la ventana siempre abierta del oratorio de Jesús de los Afligidos.

Y un airecillo zumbón, queriendo parecer de invierno, hacía oscilar los candiles y gemir las poleas al extremo de sus brazos de horca, y mecía muellemente las hojas de la palmera que primero había dado su nombre a la mezquita y ahora al templo cristiano.

III

—¿A que no sabes, *Palmero,* lo que le he prometido a tu Dulcinea para que no falte?

—Le hablarías del cura Deusto.

—Sí, como qué buena está ahora *la Neva* para misticismos. ¿Tú crees, entonces, que el sol que viene persiguiendo hasta nuestro Mediodía es para la salud del alma o del cuerpo?

—¿Qué, entonces?

—La he dicho:[123] "Mañana va a encontrarse usted en mi taller con mi modelo, que es doncel y guapo".

—No, tú no has hecho eso, Sem, o tu conducta correría pareja con tus juicios.

—¡Memo![124] Ya me esperaba esta ingratitud. ¿Conque de lo que se trataba era de decidirla a venir, y querías que ella lo hiciera por ti, o por un cuadro? Valiente atracción estamos nosotros también, yo con mis mamarrachos y tú con tus platonismos, para una bacante ávida de apurar las últimas gotas que van quedando en la copa.

—Pero, suponiendo que aceptara, ¿y ese niño, Sem?

—Pues con haberte declarado protector de la infancia, me hubieses cortado el expediente. Yo, en cambio, chico, soy mas altruísta que todo eso, y ya que, quieras o no, tengo que acogerme al retiro forzoso, me consuelo armando caballeros-amantes a los que han de proseguir la gran quijotada. Muera yo, pero ¡viva Eros!, y cuidado que ese *Niño Jesús de la Palma* está que ni pintado para hacerse adorar de todas las Magdalenas arrepentidas...

—Deusto y yo, en todo caso, te deberemos un cirio.

—En cambio ella y *el Aceitunita* quedarían encantados uno del otro y ambos de mí. Bromas aparte, ¿has reparado tú en esa obra maestra de la naturaleza, que me ha servido para mi obra?

Dijo, y descorriendo una cortina hizo aparecer a los ojos del suspirante caduco la inmensa tela en que campeaba el presunto rival. A su alrededor se agrupaban ya otras cabezas y otras figuras apenas apuntadas, con todas las expresiones y las actitudes, pero

---

[123] Otro caso del *laísmo* peninsular.

[124] Bobo.

que, exactamente como el coro cuando Pedro Miguel cantaba, no hacían mas que reforzar la nota luminosa de su adolescencia.

—¡Con todos nuestros laureles, utilizables apenas como ajilimójilis[125] —exclamó a pesar suyo el artista—, lo que daríamos nosotros por volvernos en carne y sangre, eso que he tratado de reproducir con pintura y aceite!

—¡Qué talento tienes, Sem! —arguyó calurosamente *el Palmero*.

—¡Ay, hijo! Como la bondad o la fuerza, el talento no vale sino puesto al servicio de la belleza, porque sólo ella es en sí y por sí, y entre ser el autor de este cuadro o el modelo, yo no me andaría en perplejidades.

Los dos *maestros* se habían quedado como anonadados al pie del lienzo triunfal. Una bocina de automóvil los llamó a la realidad.

—¡Figúrate ahora, si una mujer podrá vacilar siquiera! —dedujo Sem Rubí, corriendo la colgadura delante del caballete y disponiéndose a hacer los honores del taller.

El mismo trompetazo, que resonara inusitadamente en la musulmana modorra de lo que llamaba Sem Rubí el zoco de la Palma, en el curato que había hecho levantar la cabeza al párroco y al joven sacristán. Sin decírselo, ambos habían pasado preocupados el día, y ahora que el acontecimiento llegaba, una lucha se trabó en su ánimo.

Era visible que se violentaba. Tal vez creía que el muchacho no se avendría solo. Pero le vio coger casi furtivamente su boina para esquivarse.

—No, espera. Ya que vas, tampoco puedes ir así —recapacitó Deusto—. Ponte tu ropa de gala y ven para ver si estás bien.

Había apoyado, como siempre, la frente en los cristales de la ventana y miraba al patio, el eterno patio andaluz, donde se pasara hacía cortos meses su convalecencia. Y, sin saber por qué, le aparecían aquellos días como un paraíso, para siempre perdido, de ventura.

—Ya —dijo a su espalda la voz vibrante.

Se había peinado de nuevo, y con su traje negro no se parecía casi en nada al gitanillo que mucho antes vino allí mismo por primera vez, todavía niño. Ahora era ya un mozo, espigado si no alto, con una sombra apenas más obscura que la piel sobre el labio encendido; únicamente los ojos no habían cambiado su mirada, y consultando la de su amigo grande, tuvo un mohín donoso y travieso. El sacerdote le puso una mano en el hombro.

—Que te diviertas y no tardes —le recomendó paternalmente—. No te fijes en lo que hacen y dicen, pero mira lo que dices y haces, porque, como suele decir el maestro, la indiscreción no está en quien propone, sino en quien dispone. Salúdalo de mi parte y excúsame con él; pero no podemos tú y yo a la vez desatender la iglesia. Anda con Dios.

El Aceitunita se inclinó, y antes que Deusto hubiese podido presumir su intención, le besó la mejilla.

---

[125] Agregados de una cosa.

—Con Dios —repitió temblorosamente el vasco, cual si esa separación en que no iba a mediar sino la anchura de la calle, y el espacio de una hora, debiera de ser profunda y larga.

Al penetrar Pedro Miguel al taller se detuvo, porque, ocupados en admirar el cuadro, todos le volvían sus espaldas a la puerta. Una mujer, que parecía una niña, ocupaba el centro del grupo, y aunque había otra, él presumió que debía de ser aquella *de las saetas,* de quien los propios gitanos hablaban con idolatría. Ella miraba la pintura, pero el ex-matador la miraba a ella, y *el Aceitunita* no podía descifrar esa expresión a la vez de dicha y desdicha, sumisa y fanática, la expresión de Don Juan envejecido, ante el eterno femenino.

—Buenas tardes —dijo el recién llegado.

Sólo ella no se volvió, y *el Aceitunita* pudo reconocer a Giraldo Alcázar, cuyas fotografías andaban en todos los escaparates y las revistas, en aquel soberbio león, afeitado como un romano y esbelto como un árabe. Pero de lo que ningún retrato podía dar idea era de la mirada de sus ojos verdes, donde, como en una copa de absintio, diríase que ardía una lentejuela. Aquellos ojos fascinaban como los de una almea,[126] y Pedro Miguel casi olvidó la presencia de los demás circunstantes.

Lentamente el poeta había ido levantando su monóculo con la mano ornada por una esmeralda, hasta que concluyó por colocárselo. Y entonces toda la fuerza de la mirada se enfocó, por decirlo así, en el cristal circundado de oro. Y si en Sem Rubí había algo de búho, en Giraldo Alcázar había algo de serpiente.

—Inútil deciros que estáis en presencia del modelo —anunció el pintor, con un tono de exhibidor de fieras—. Sevillano, de cuño semita como El Galileo[127] y un servidor.

Sólo entonces Pedro Miguel, a costa de un esfuerzo, pudo arrancarse al maleficio de aquella mirada y considerar los demás en torno suyo.

Además de *la Neva,* que apenas si se había movido, había la otra joven, con los cabellos en fleco sobre la frente y recortados a la altura del cuello, vestida ceñidamente casi como un garzón. Había un gomoso, correcto y banal como un figurín, evidentemente el marido-secretario, y había la niña de entrambos, una criatura arrebatadora, toda en terciopelo morado y armiño, con una capotita sujeta por un enorme lazo. Un galgo, casi del mismo color de piel, estaba allí como para completar el grupo decadente.

—Pedro Miguel —invitó el dueño de casa, y llamándole no separaba, sin embargo, la vista del diestro—, ven a doblar la rodilla ante Rosario, porque acaba de manifestarme el capricho de pasarte la mano por los cabellos.

Pero el gitanillo se puso encendido hasta la raíz de esos mismos cabellos, y los echó atrás con un ademán altanero.

---

[126] Mujer que canta y baila. Nótese la presencia fuerte de vocabulario hispano-árabe y toques orientalistas en las partes de la novela que tienen que ver con Sem Rubí.

[127] Galileo Galilei (1577-1643) era de origen judío, aunque se crió como protestante y luego se convirtió al catolicismo, entrando en la Compañía de Jesús.

—Hace usted bien en no hacerle caso —dijo entonces *la Neva,* con una entonación casi tímida—; ¿quiere usted darme la mano?

Estaban frente a frente el cantorcillo y la gran tonadillera; él, jarifo[128] como un clavel andaluz; ella, aunque pareciendo tan joven, macerada, como una sensitiva, en ese otro ascetismo del placer, con sus pestañas umbrosas y el circulo amoratado de las ojeras. E inmediatamente la mujer comprendió que había que tratarle como a un hombre y como a un camarada de arte.

—Mucho he celebrado su cuadro, pero me agradaría oírle —manifestó fraternalmente—. Como en otro tiempo se hablo de *la Niña de las Saetas,* hoy todo Sevilla se hace lenguas del *Niño Jesús de la Palma, y* si, como me ha dicho Sem, quiere usted que yo cante, también tendrá usted que hacerlo.

—Por mi parte, poseo la vihuela en que tañó en otro tiempo Tárrega[129] —encareció Sem Rubí—, a todos nos parecerá delicioso este concierto improvisado.

Pedro Miguel no había sabido qué responder. No se sentía intimidado, pero temía parecerlo, y desde algunos momentos no hacía sino pensar en Deusto, como si el pensamiento de éste se hubiera a su vez concentrado en él. Desde que estudiaban juntos la música, no se había atrevido a repasar el cante; pero, más seguro que nunca de sus medios, le halagaba exhibirse ante aquella que pasaba en el mundo por ser la última *cantaora* de flamenco.

Del testero adornado con mantones de Manila el pintor había descolgado una guitarra con madroños y encintada con una moña roja y gualda, como una jaca española de concurso. Y él mismo comenzó por afinarla, como si la domara, hasta que, como un fogoso relincho, soltó un rasgueo justo y vibrante. Entonces la puso delicadamente en el regazo de *la Neva, y* nada más que en el movimiento con que sus dedos la enlazaron por el cuello, se podía advertir que estaban hechas una para otra.

Deusto había permanecido junto a la ventana, él mismo no sabía cuánto tiempo, cuando un quejido cristalinamente límpido se escapó de ese corral de donde le venían cada día repiqueteos de castañuelas. Era el jipío[130] del cante hondo, mientras clandestino y bronco se adivinaba por debajo el punteo de las cuerdas, y el vasco lo comprendió así, aunque no lo hubiese oído hasta entonces, como presumió quién podía ser la que cantaba. En la calle, los vendedores y los paseantes, atraídos por esa música que como ninguna remueve a los andaluces, iban invadiendo el zaguán y agrupándose bajo las grandes ventanas del taller. Y Deusto, músico antes que nada, sentía profundamente también, no sólo el exotismo del canto, sino la amplitud de ese contralto de mujer, grave a veces y a veces plañidero, con vocalizaciones y alaridos, netamente árabe y que encontraba su eco en aquel rincón moruno.

---

[128] Lujoso, rico, del árabe *zarif.*

[129] Francisco de Asís Tárrega y Eixea (1852-1909) fue un compositor y guitarrista del período romántico, autor de "Recuerdos de la Alhambra".

[130] Lamento en el canto andaluz.

Calló la voz femenina. Mónica se había puesto a escuchar junto a él, y tampoco la vizcaína parecía insensible a esa música sevillana. Pero de pronto otra voz, que resonó en el corazón de Íñigo Deusto, vino a hacerles olvidar casi la que acababan de oír; porque el gitano cantaba lo suyo, el dolor errático de su raza y la alegría desgarradora. Y ahora uno pensaba que esa música no estaba hecha sino para el galillo[131] de los adolescentes, donde parece vibrar contenida la pubertad con la virginidad, grito tanto de la carne como del alma, extendiéndose y prolongándose como el reclamo a la pareja ideal. Y *Amigote* escondió confuso la mano, porque acababa de quemársela una lágrima.

El Palmero y Pedro Miguel se retiraron juntos los últimos de la fiesta. Iba el joven a despedirse, cuando el otro le cogió por el brazo amistosamente.

—Demos una vuelta, y vamos a beber algo que no sean esos brebajes de extranjis[132] —propuso el torero, arrastrando al cantorcillo—. Parece mentira que oyendo cantar como habéis cantado, puedan, en vez de canas, hacerse circular copas de *cognac* y vasos de *whisky*. Nosotros, felizmente, *el Aceitunita*, tú por verde, y yo por maduro, preferimos el zumo de nuestras viñas.

Se alejaban de su parroquia, y una vez en la del Salvador, tomaron todavía por Sagasta con dirección a Sierpes, a la hora que la arteria por excelencia de Sevilla parece más que nunca un bazar oriental.

Pero tampoco se detuvo el torero y, por Rioja, siguieron basta la calle Tetuán, de cuyo lado caían las puertas traseras del café Nacional. Y como cualquier sevillano *el Aceitunita* sabía que esa era la peña consagrada por *el Palmero* desde hacía años de años. Instalado junto a una de las ventanas, recibía sus contertulios o devolvía parsimoniosamente los saludos de cuanto conocido pasaba, y más de un colegial hacía un rodeo para admirar aquella reliquia taurina, que los guías mostraban a los forasteros, y contra la cual éstos solían asestar el disparo de sus kodaks.[133]

Allí se instalaron, pues, a la mesa devotamente reservada por un camarero, que se enorgullecía de servirla. Algunos consumidores habían vuelto la cabeza, y junto al nombre de guerra del torero, Pedro Miguel se estremeció de oír pronunciar el suyo, ese *Niño Jesús de la Palma*, que, según sus nuevos amigos corría ya por Sevilla sin que él lo supiese.

El Palmero también había oído, y aquel precoz renombre no hizo sino acentuar la sonrisa mustia de sus labios.

—¡Ah, chiquillo!— dijo, dejándose caer en la silla, con un suspiro de fatiga, como si hubiesen rematado una jornada. Sin hablar de tu voz, tu no puedes saber lo que es tener tu edad y tus ojos.

Repetía lo que casi esa misma tarde había pronunciado Sem en el taller; pero ahora le parecía nuevo y suyo, porque lo sentía mejor. No se había hecho ilusiones sobre la atmósfera que se le hacía a ese obscuro impúber de la víspera. El aura popular erigía

---

[131] Galillo: garguero, gaznate.

[132] De extranjis: subrepticiamente, a escondidas (pero con evidente juego con "extranjeros").

[133] Las primeras máquinas fotográficas Kodak salieron al mercado en 1888.

un nuevo ídolo. Y el veterano tuvo casi una triste vanagloria de mostrarse con aquel recluta de la fama.

Y tomándole por confidente:

—¿Que dirías tú —le insinuó, mirándole con inquietud— si así como *Ella* y yo te hemos oído cantar, tú y *Ella* pudierais verme lidiar una vez todavía? Es una idea que me ha pasado por el magín esta tarde, en el taller de Sem, y no la creo tan disparatada. Yo también conservo todavía mis facultades, y todas las nuevas escuelas no han logrado añadir un ápice a la tauromaquia tal y como la dejé al cortarme la coleta. Volveré a tomar la alternativa, para las nuevas generaciones que no han sino oído contar mis hazañas, y puede que alguien se dé cuenta que si el cuerpo no está joven, tampoco ha envejecido el alma.

Hablaba atropellándose, como para acallar obscuros titubeos, como temiendo que alguien pudiera contradecirle. Y Pedro Miguel le oía asombrado y conmovido, y ahora comprendía el sentido de aquella expresión que le sorprendiera en el taller, delante de la mujer inútilmente deseada.

La noche iba cayendo. Desde hacía mucho, el jovencillo no se hallaba en la calle a esas horas. El café había encendido sus luces, y otras prendían en las vitrinas de las tiendas y a lo largo de las aceras. Entonces volvió a pensar en Deusto, con una extraña opresión de espíritu.

—¿Te ha gustado Rosario? —indagó *el Palmero*, como si no atribuyese importancia a la pregunta y, sobre todo, a la respuesta.

Pero sus dedos se aferraban al reborde de mármol del velador y debió levantar su vaso para disimular su turbación.

Y como el mancebo se contentara con sonreír entre engreído y amilanado:

—¡Bah! ¿Para qué disimularlo? Tú, al menos, le has llenado el ojo a ella, y *la Niña de las Saetas* ha sido también siempre la de las veleidades, desde aquel tiempo que debutaba en "Novedades" y que hizo su amante al camarero del patio de butacas. Todavía puedes verle, ya viejo, y él te contará como la que se negaba a ganaderos y lores se pagó la fantasía de ser su querida y de guardarle fidelidad durante una temporada.

El Aceitunita créyose en el deber de decir algo que tranquilizara a aquel mísero celoso:

—¡Oh! ¡Yo! —manifestó con despego y sin jactancia—. Bien puede ser que si *la Neva* me dejase caer el pañuelo, fuese yo a mi vez el que no lo levantara. ¿Se cree que por el hecho de ser quien es, le debe vasallaje cualquier hombre? Ella está mala, y yo soy sano. Yo, joven, y ella es casi una vieja.

El cuitado se llevó las manos al pecho, con un doble sentimiento de desquite y de humillación. Aquel mozalbete, con prematuro cinismo, la consideraba a ella, *la Neva*, como ella lo había considerado a él, *el Palmero*. Para una y otro había llegado el tiempo de cederle el paso a la juventud y de recibir de su mano el amor, como una limosna.

Se había ya servido la sopa, cuando volvió Pedro Miguel a la casa parroquial, y conforme desplegó su servilleta, perdióse en una multitud de detalles sobre la fiesta.

Hablaba de la sortija de Giraldo, del perro de la nena, hasta del temple de la guitarra de Sem Rubí... Deusto le seguía con un ligero arqueo de cejas, como producido por un esfuerzo de atención.

El ama levanto los manteles y puso el café. Entonces preguntó el cura:

—¿Y por qué se pasaron horas desde que el automóvil partiera hasta que tu volviste?

—Acompañé al *Palmero* hasta su casa... Me hizo entrar... Quería retenerme a comer...

El aguijón invisible parecía hincarse más y más en el entrecejo del vasco.

—Mandé a Damián en tu busca —contradijo— y ni él ni tú estabais en su casa.

Y tras de una pausa:

—¿Sabes, Pedro Miguel, cuál es la simiente que siempre fecunda, aunque nunca se sepa lo que puede producir?

El mozuelo no supo qué responder. Violentamente Deusto se alzó de la mesa, dejando escurrir el gato, que se había acomodado en sus rodillas.

—Has acertado: es la mentira —dijo— y primera mentira, primera traición. Buenas noches.

IV

El haber abdicado la Corona Su Católica Majestad (a. q. D. g.)[134] tal vez produjera menos emoción en la Andalucía del *No m'a dejado*, que la de aquella vuelta al coso del llamado *Rey del Volapié*. No se ignoraba sería en una única corrida de beneficencia, que tendría lugar a comienzos de otoño, por ese San Miguel,[135] en que, con trenes especiales y tarifas reducidas de "feria y regreso", se verifica en Sevilla lo que podría llamarse la entrada del Ramadán, ya que vienen a ser como el Courbán-Bairán,[136] las fiestas de Resurrección. Desde Córdoba, desde Granada, hasta Málaga y hasta Cádiz, los aficionados contaban los días, y en cuanto a los del oficio, más de uno remitió su contrata para poder dar fe del acontecimiento.

Feliz o desgraciadamente, *el Palmero* no tenía quien le aconsejara, pues, como el Ingenioso Hidalgo, sólo una sobrina y un ama, todavía más canónica que la del cura, formaban su hogar del Pozo Santo,[137] y a ambas lo más que podía acarrearles un descalabro del señor tío y amo, era ver anticiparse la herencia de una hacienda, sobre la cual contaban, pingüe y saneada, con predio urbano y dehesa y cortijo rural. Y si los duelos con pan son menos, no era de temer, en este caso, un banquete de funerales.

Precisamente a su ganadería, donde criaba reses bravas, habíase retirado el *Rey del Volapié* con su corte. Y mientras en los corrillos de la calle de Sierpes se citaban los nombres de sus posibles peones, la cuadrilla, con el viejo espada a la cabeza hacía vida de tentadero, ocupándose de enchiquerar y ejercitarse, montados desde el alba en esas jacas jerezanas, cuya fogosidad y planta atestiguan como nada la estirpe árabe; sentándose, después, con el pavero puesto y sin quitarse las polainas ni las espuelas, bajo un emparrado y en torno de una mesa, donde, como en la pinta del gitanillo, había aceitunas verdes con manzanilla dorada y manjares muy positivos, sin esas cremas, salsas y purés, que había tratado *Lagartijo*[138] de "pomadas"; durmiendo la siesta y comentando en su jerga, a la vez gutural y garimosa, mientras jugaban al tute por las tardes, las intenciones de

---

[134] Esto es metafórico: Alfonso XIII no abdicará hasta 1931.
[135] El día de San Miguel en el santoral es el 29 de septiembre.
[136] Courban Bairam o Kurban-Bairam, expresión turca para referirse al Eid ul-Fitr, la fiesta al final del Ramadán.
[137] La plaza del Pozo Santo en el centro histórico de Sevilla, donde hay una comunidad de terciarias franciscanas.
[138] Lagartijo: el torero español Rafael Molina Sánchez (1841-1900).

los "bichos" que habían probado esa mañana, y los lances y quites de la capea,[139] con tanto apasionamiento como pude haber discutido Napoleón entre sus mariscales las artimañas de las cancillerías y las peripecias de las refriegas. El humo de los vegueros iba desvaneciéndose en el celeste acerado de la atmósfera, y dijérase que cada hombre, con sus entusiasmos más o menos heroicos, no era, aquí y en todas partes, sino como un cigarro fumado en la siesta de un estío declinante: un poco de chispa y embriaguez y otro poco de ceniza y humo.

Intramuros y en la parroquia de San Juan de la Palma la tirantez entre Deusto y Pedro Miguel venía persistiendo incomprensiblemente. Sem Rubí no dejaba de visitarlos por las noches; el *Aceitunita* continuaba acudiendo por las tardes a su taller, donde siempre había correcciones que hacer al cuadro; y las castañuelas de la academia de baile seguían siendo como la pulsación jadeante de la ciudad. Ni más ni menos.

Ese viernes veintiocho de septiembre, ya en plena feria y víspera de San Miguel, la velada se prolongaba en el comedorcito del vasco. Mónica hizo su aparición.

—Voy a recogerme, con el permiso de ustedes, y otro tanto debería hacer Pedrucho, señor cura, si quiere estar mañana en pie para preparar la misa cantada. ¿Vienes?

El rapaz, cargando el gato, se acercó a sus amigos para despedirse, y al estrechar la mano a Sem Rubí le deslizó al oído algo.

—¿Qué le ha dicho? —preguntó Deusto.

—Figúrese: que está loco por asistir a la corrida del *Palmero* y que confía en mí para obtenerle permiso.

—Hace tiempo que Pedro Miguel se libra a usted más fácilmente que a mí.

—Y usted va a ponerse celoso. Pero si es natural, puesto que usted ha asumido en su vida el ingrato papel de mentor, mientras, por lo que a mí respecta, él va convirtiéndoseme en gachón[140] a fuerza de zirigañas.[141] Usted posee su afecto; yo, su confianza, y lo uno no va sin lo otro, Deusto.

—Harto lo sé y me conduelo —profirió con melancolía el vasco—. Pero ¡qué quiere!, si cada cual de nosotros tiene un freno y no le es permitido sino tascarle. Yo soy quien soy, y, por más que quiera olvidarlo, él no es sino un niño.

—Tampoco me parece usted otra cosa —dijo Sem Rubí, mirándole sin verle y casi como si se hablara a sí mismo. —He pensado, a pesar mío, que, con su cabeza clara y sus ojos que se cierran, usted no está bueno sino para dormir el gran sueño.

—¡Con qué rarezas dispara usted a las veces!

El arranque, casi amedrentado, de Deusto pareció volver en sí al pintor.

—¡Bah! No haga usted caso —corrigió, pasándose la mano por la frente como para acabar de despertarse—. Suelo recaer en pasmos, que no sé si sean proféticos y

---

[139] Capea: lidia de becerros o novillos.
[140] Gracioso, mimoso.
[141] Adulación, lisonja: expresión andaluza.

me vengan de raza, y más de una vez me ha sucedido, como ahora, salir hablando como en sueños. ¡Raro, ¿eh?, en el hombre tan despabilado que creo ser, y que no está dicho que yo no sea! Pero dejemos esto. ¿En qué estábamos ya?

Su interlocutor no contestó, y, cada uno por su parte, la conversación pareció proseguir, sin embargo, en silencio, porque, sin que viniera al caso, pero como respondiendo a una serie de ideas, bruscamente Sem Rubí dijo:

—Sí, eso es lo que nos ocurre: que nosotros estamos condenados a no amar de amor, porque no somos sino enfermos de piedad. ¿Se acuerda usted de Giraldo Alcázar?

> "... Cuando las flores,
> cuando las terribles flores de la inútil piedad sofocaban mi amor".

—Dios sabe si ahora le entiendo de menos en menos— volvió a expresar el vasco.

—Entonces ni una palabra más. Yo le admiro, mosén Deusto, y usted me conmueve cuando "voluntariamente" se refugia en su incomprensión; cuando parece no oír; cuando cierra los ojos con ese gesto tan suyo. Quedamos en que Pedro Miguel vendrá conmigo mañana.

—Quedamos en lo que esté de Dios.

—Es en esos rasgos de fatalismo donde se ve que, a pesar de todo, de sur a norte, salimos del mismo temple los iberos, puesto que somos orientales hasta en nuestras exclamaciones: ¡Ojalá!, decimos y no hacemos con eso sino acatar nuestro "fátum": *Oj-Allah*, Dios lo quiera; *Inj-Allah*, lo que quiera Dios...

... Era la misa mayor de San Miguel, y al dar la comunión el cura de San Juan de la Palma, revestido con la roja casulla de esa festividad, vio que se adelantaba *el Palmero* en un grupo de majos y, devotamente, todos recibieron de su mano el pan sagrado, mientras Cosme le precedía con la palia, Damián les seguía con el cirio eucarístico y en el coro *los Magos* y Pedro Miguel entonaban el *Ave Verum*.[142] Y a pesar de la santidad del lugar y del momento, el pueblo de mujeres, que había abierto paso a los comulgantes, y entre el cual estaban tal vez sus novias, sus esposas o sus madres, estrechábase en torno de ellos y unas a otras se mostraban con el dedo esos beluarios, entre todos el *Rey del Volapié* y su viejo mozo de estoques, quien, como escudero fiel, le acompañaba en esta suprema vela de armas, como le asistiría en su última salida... Por Dios y por su dama...

... ¡Su dama! Nadie dejaba de saber en el tauródromo de la Maestranza que si las proezas de antaño iban a tratar de renovarse hogaño, no sería sino por los negros ojos de *la Niña de las Saetas*, en cuyo honor correríanse estas cañas. Reina era de la justa, y cuando apareció en su palco y quitándose el mantón de los hombros lo extendió como recamada tapicería sobre la barandilla, como un solo hombre, la plaza en peso se volvió hacia ella.

---

[142] *Ave Verum Corpus*: himno eucarístico del siglo XIV.

La plaza, que hervía como una infernal marmita, cuya presión hubiera hecho saltar la tapadera, mientras por encima de su anfiteatro el cielo de septiembre tendía un velario de púrpura, que ninguna brisa venía a inflar ni a sacudir. Brillaban tapices y trofeos. De oro parecían las arenas, y en las gradas, donde se abrían mil sombrillas multicolores y tres mil abanicos agitaban el ala, se confundía la muchedumbre en un abigarrado pandemonio, así como su vocerío no formaba sino un clamor, apenas destacándose todas las modulaciones del "¡Agu!" "¡Fresquita el agüe!" "¡L'aguay!", con que los azacanes[143] pregonaban su mercancía.

Afuera la charanga continuaba amotinando, como si todas las localidades no estuviesen tomadas desde hacía dos semanas, y a los sones del *Curro Cúchares*[144] se congregaban en torno del coliseo, cerca de la Torre del Oro, a orillas del Guadalquivir, todos los verdaderos mendigos de Sevilla, los que no habían tenido la suerte de tomar a tiempo entrada o los que no hubieron con qué pagársela, que todo era uno, pues de cuantos las poseían, ninguno, ni el más menesteroso, habría cedido a peso de oro la suya…

Sem Rubí y *el Aceitunita*, venidos a pie por falta de carruajes, se hicieron dificultosamente camino hasta el pórtico, empavesado con flámulas. Y nunca parecían tan en carácter los colores españoles, como ondeando sobre aquella fiesta de sol, que es sangre, y de llamas, que son oro. En los vehículos de mil especies que acarreaban la gente, cada mantón de Manila era una oriflama, y como escarapela lucían en todos los pechos y los moños los ramilletes de girasoles y claveles.

Por fin, lograron forzar el paso, en los precisos momentos que los alguaciles precedían la cuadrilla. A la cabeza marchaba *el Palmero*, vestido de oro-grana, entre sus dos padrinos en verdegay argentado y violeta tornasol, y tras ellos, los banderilleros, los picadores, hasta los "monosabios" y los tiros para el arrastre. Y en aquella como columna de fuego avanzando sobre la arena espejeante, los flecos, caireles, alamares y lentejuelas, que cabrilleaban como piedras preciosas, redoblaban la ofuscación de la luz, el maremágnum del rebullir y, el aturdimiento de la algazara.

—Mira *la Neva*—dijo Sem Rubí.

Pero Pedro Miguel devoraba con los ojos aquel hombre ya cano, que, trajeado de carmesí, iba como único: tanto le aislaban de su comparsa las miradas de todos. Y otra vez el olvidado grito de guerra, que oyera Deusto en sus mocedades, volvía a encenderse y a estallar. De nuevo el " ¡Viva el *Rey del Volapié*!", "¡Viva *Palmero*!", inmutaba al héroe, como si corriera bronce fundido por sus venas para vaciar su estatua en el propio molde de su cuerpo.

El Palmero también buscaba a *la Neva*, y cuando los heraldos hubieron cogido al vuelo llave del toril, y cuando cada comparsa corrió a ocupar su puesto, él, que iba a recibir el primer toro y a expedir el último, fue a apoyarse, instintivamente, como tomando

---

[143] Aguadores. Nótese el esfuerzo por representar el dialecto andaluz.

[144] Torero español, Francisco Arjona Herrera, nacido en Madrid y criado en Sevilla, muerto en La Habana (1818-1868). Hay una plaza de Sevilla que lleva su nombre.

fuerzas, en el burladero más próximo a su palco. No se atrevía a mirarla, porque sabía que trece mil personas los espiaban. El pintor, que tenía su puesto al hilo de las tablas, llamó su atención, con una voz casi ahogada en la batahola.

—¡Eh! ¡*Palmero*, que aquí estamos nosotros!

"Estamos". Levantando los ojos como deslumbrado, apenas si el matador pudo localizarle, Pedro Miguel, pasándole inadvertido. Parecía tan desamparado en aquel redondel inmenso, tan irremisiblemente lejos de todos. Y *el Aceitunita* le envidiaba, sin embargo, con toda su alma, como si encarnase su raza, ante el peligro; como si fuese el delegado de todas las indecisiones y las poltronerías, el emisario de todos los arranques y las ansiedades. En aquella turbamulta, súbitamente petrificada al primer toque de clarín, sólo aquel hombre solitario vivía y vivía por todos.

La Neva no se cuidaba de él. Con el cuerpo fuera del antepecho, pretendía descubrir a alguien, en esa borrosa mancha salpicada de puntos movibles que venían a ser las trece mil cabezas de la multitud. Pero escrutaba demasiado lejos, y, como ocurre, tenía a sus pies lo que buscaba. Giraldo Alcázar, apoyando casi el mentón en su hombro, debió advertírselo, porque incontinenti[145] sus gemelos bajáronse hasta la barrera donde se veía a Sem y al *Aceitunita*.

—Mira *la Neva*, que nos mira —subrayó el pintor, con una carcajada sardónica.

Si *el Palmero* había vuelto a la palestra, no era sino para forzar las esquiveces de Dulcinea y, un instante más tarde, volvió a encontrarse solo, esta vez en los medios, con su capote de brega, y entonces comenzó la más apretada retahíla de verónicas y recortes de que hubiese memoria. El torero, para recoger al toro, que se desparramaba, ceñíasele hasta reventar las costuras del traje, haciendo que todo el comicio pareciese acezar, retener el aliento o desfogarse, como un solo pecho. Y cuando le tuvo como amarrado a la capa, y cuando, en un donaire supremo, se engalanó con ella, hubiérase dicho que era con la propia res con la que se acababa de embozar.

Al tararí del cambio de suerte, interviniendo alegremente en la faena de sus banderilleros, tomo él mismo un par de honor, y esperando a pie firme la embestida, sólo cuando la vio venir clavó pausadamente, haciendo metérsele debajo el cornúpeto y restregando casi contra su pitón derecho la faja encarnada que le ceñía los muslos.

En la muerte fue certero, aunque breve, porque las condiciones del animal no permitían floreos. Sin embargo, las palmas sofocaron la música; tan sonora era aquella granizada de aplausos que los muros mismos temblaron hasta sus cimientos; el ruedo se cubría de sombreros, abanicos, flores y cigarros, y, conforme pasaba el lidiador dándole la vuelta, cada tendido poníase de pie; se le vitoreaba como si se le increpase, en un delirio de entusiasmo que parecía casi amenazador.

Se aguardaba, sin embargo, el último toro. Los demás, aunque corridos vistosamente por los padrinos, pasaban unos tras otros como un intermedio. Era en la muerte donde

---

[145] Incontinenti: del italiano, en seguida.

quería volver a verse al *Rey del Volapié*, y al dar la señal y al comenzar el revuelo de los capotes, otra vez el encanto de la Bella Durmiente pareció abatirse sobre los espectadores. Entonces *el Palmero* se llegó todavía, pero ostensiblemente, hasta el dosel de su dama, y, en pleito homenaje, poniendo al desnudo sus sienes encanecidas, brindó, con voz inesperadamente entrecortada, pues junto a *la Niña de las Saetas*, casi exangüe por el contraste del clavel bermejo que mordisqueaba, acababa de ver al *Niño Jesús de la Palma*. Y en el molinete que hizo para, por detrás de la espalda, lanzar su montera, había algo de sacudido y de incoherente.

... Llamados en una tregua, por un golpe de abanico, el pintor y Pedro Miguel habían subido a visitar a *la Neva*, quien los retuvo, instalando junto a ella al doncel. Era la pantomima tragicómica; pero esta vez el rubio Pierrot y la Colombina morena[146] juntaban sus cabezas en el dúo amoroso del balcón, mientras al pie, en el palenque, un arlequín de oropel y púrpura tenía ya estereotipado el gesto trágico del que va a medirse con el minotauro.

Tornó a mirar, y si en aquel instante cierta mano blanca le hubiese echado desde el palco cierta flor roja, sus arrestos se hubiesen desmedido. Mas, aunque *el Aceitunita* le seguía, suspenso, ella no debía de tener ojos más que para embelesarse en su capricho, pues volvía al espectáculo, sus espaldas desnudas. La mano la enlutada del cuadro de Sem Rubí, la que había hecho llorar, mimando en su canción del "Detente" la patética inmolación de un torero, cuando realmente se le ofrendaba la vida, no dejaba ver a su paladín sino su tocado alto, sobre cuya monumental peina caía la mantilla de casco formando como esa begüina[147] que las castellanas llevaban en la Edad Media.

Pero al ondulante compás de la muleta, el matador habíase terciado en bandolera al toro, con dos o tres pases de pecho jaleados por los olés de la asamblea, y ahora que le tenía igualado, le citaba en línea recta a su espinazo y perfilábase ya, con el brazo pegado al cuerpo, como si todo él no fuera más que una espada. Avanzando despacio, para dejar disfrutar de ese instante único en que no se sabe quién va a matar ni quien va a morir dio todo el hombro, y moviendo a tiempo la mano libre, hincó el acero por las agujas, lentamente cual si lo apoyase con el propio corazón, pulgada a pulgada, hasta la empuñadura, hasta volcarse sobre el morrillo y mojar en sangre los dedos, y a un simple impulso de riñones, volvió a surgir limpio por los flancos, arqueado el pecho y con la cara al cielo.

Entonces, cuando ya el inconfundible azogamiento hacía flaquear a la víctima sobre sus patas y sonaba la música y en las graderías tremolaban todos los pañuelos, el diestro, como jugándose, quiso arrancarle un rehilete, y, puestos los ojos en el palco, estiró el brazo; pero simultáneamente el moribundo, alargando la cerviz en el postrer espasmo, tuvo tiempo de cogerle por la taleguilla, de lanzarle en alto, de recibirle en las astas y desplomarse con él. Y ahora se sabía por qué conviene a estos arlequines de la lidia

---

[146] Nótese la asociación reiterada de la tauromaquia con la commedia dell'arte.
[147] Faja de paño que llevaban cruzada por delante del pecho.

el disfrazarse de escarlata, para que así no se sepa cuando se desangran y cuando en el olímpico testuz no queda sino un pelele de afrecho a medio escurrir.

El hombre se puso en pie casi antes que se le hubiese visto rodar. Estaba al parecer indemne, con un varetazo que le desgarraba la chaquetilla de seda y un puntazo que apenas había tenido la inmaculada pechera. Y mientras en prenda de victoria se cortaba la oreja del vencido, y como tributo a su infortunio indómito, se aplaudían sus despojos arrastrados al desolladero, el pueblo, descolgándose a la pista sangrienta, tomó en volandas al vencedor para llevarle a la enfermería.

De aquel paseo triunfal, el herido no retenía, sin embargo, sino una visión: la de un mancebo, aclamándole con los ojos arrasados de lágrimas, pero en cuya solapa lucía, como un ascua, el clavel que antes tuviera *la Pálida* entre los dientes.

V

Desempolvando papeles de música en los archivos de la Catedral, Deusto había hecho el hallazgo de algunas cantatas del sevillano Morales,[148] quien, seguido en esto por Bach, parecía haberse contentado componiendo para la iglesia de la cual era organista. Y el cura de San Juan de la Palma, que comparaba el canto llano, por su perdido misticismo, al arte perdido de los vitrales, quiso hacer conocer al diocesano esa escuela hispana del siglo XVI, en que Palestrina, Stradella y Pergolese están representados por Victoria,[149] Guerrero[150] y Morales, y de la cual Durango[151] vendría a ser el Cimarosa.

El concierto sacro tuvo lugar en la propia Catedral, que para esa solemnidad había revestido sus colgaduras de púrpura. Volvía Pedro Miguel a su coro, después de tres años, y el Cardenal-arzobispo con el Cabildo Metropolitano y cuanto había de selecto en la ciudad hispalense, habíanse congregado para oír aquellas notas que, desde tal vez hacía cuatrocientos años, no habían vuelto a cruzar las bóvedas donde tuvieron su nido.

El vasco se sentía penetrado de su indignidad, al empuñar la batuta, como si recogiese el cetro para reanudar una dinastía ya extinguida, y no justificaba su atrevimiento, sino por encaminarse a la mayor gloria de esa Trinidad que se había enseñoreado de su corazón: Dios, la música, Pedro Miguel.

El Señor recibiendo con la gama y por boca del cantorcito de San Juan de la Palma, el homenaje más noble y más puro que podían dedicarle sus criaturas. La partitura del capelmeister de Sevilla era inspirada en una Fe de iluminado, y en la voz del gitanillo vibraba todo el Amor y toda la Esperanza de la vida. "Y tú, niño, serás llamado el profeta del Altísimo, porque irás delante para preparar sus caminos", decía en el cántico de Zacarías, y cada palabra: *Tu puer, propheta Altissimi vocaberis... parare vias ejus,*[152] se modulaba como si ni las notas ni el intérprete tuviesen edad. El himno eterno, entonado por el sempiterno niño.

---

[148] Cristóbal de Morales (1500-1664), sacerdote y compositor sevillano.

[149] Tomás Luis de Victoria (1548-1611), compositor nacido en Ávila y muerto en Madrid.

[150] Francisco Guerrero (1528-1599), compositor sevillano.

[151] Matías Durango de los Arcos (1636-1698), nacido en Falces (León).

[152] Lucas 1:76, el cántico de Zacarías: "Tu puer, propheta Altissimi vocaberis [praeibis enim ante faciem Domini] parare vias ejus" (Y tú, niño, serás profeta del Altísimo, pues irás delante del Señor para preparar sus caminos).

Deusto no habría podido decir lo que pensaba, o más bien lo que experimentaba. Se sentía solo en su ideal, como si los demás, todos los demás, salvo él, hubiesen perdido la preciosa clave. Equivocado el que hubiese creído que aquella emoción, con que la voz, ya no pueril y todavía no viril, le removía las entrañas, provenía de un instinto mal sofocado de paternidad. Aún más groseramente errados quienes hubiesen querido vislumbrar algo como una inclinación amorosa. Lo que cantaba para Íñigo Deusto era la incaducable inocencia del hombre, la inocencia inmarcesible del mundo, aquella que verá extinguirse el firmamento consigo, ya que, una vez desaparecida ella, ni advendrá, ni podrá advenir ya el Mesías, el perpetuo Mesías que es cada Niño.

Ese fondo era el que asomaba en las cantatas religiosas, como muestra su burlesca mueca en las gárgolas de las catedrales góticas. Aquel humorismo que es la sonrisa del pueblo, del pueblo siempre joven e ingenuo... Había en el programa un madrigal y una villanesca de Guerrero, y había de Victoria, una *Eterna Canción*,[153] y de Durango, un *Pero Grullo*,[154] en que las voces, avanzando en contrapunto, como por marejadas y entremezclándose, completaban una misma frase, repitiéndola en distintos tonos. Pero hubo, sobre todo, hacia el final del concierto, un *Villancico de los Ciegos*, de Labiaga,[155] que, entonado por Pedro Miguel y por *Los Tres Magos de Sevilla*, volvió a apretar el corazón de Deusto, como si su sueño se pasase en las regiones inaccesibles y un tanto quiméricas de ese coro de catedral, bajo la luz policroma de los vitrales, expresado por esos cantores que, o conserva ciegos la niñez, o niños la ceguera, por sus voces blancas, por su arrobamiento todo en tanteos y como en el aire... La vida se había detenido sobre ellos. Iban a entrever ..., iban a percibir ..., iban a balbucear ... Mientras tanto, esperaban. Y la penumbra de alba o de poniente, que tamizaba los ventanales, los santos mismos de las vidrieras, la catedral etérea en fuerza de petrificarse, los juegos de luz, las sombras humanas, tan pronto esbozadas, tan pronto desvanecidas, que en ese momento poblaban tal vez imaginariamente su recinto; todo parecía fluctuar como si se hubiese suspendido sobre todo un halo de expectación. Y los últimos versos del *Villancico* también habían quedado flotando, la fe clarividente del *Niño Jesús de la Palma*: "Siento la luz de la estrella", y la fe ciega de *los Magos*:—"No necesitamos verla",—"Porque si arriba destella",—"Ya no podremos perderla":—"Nuestra es la luz y la estrella".

¿Qué impresiones recibían "abajo" esos grandes de la tierra, tocados por los melodiosos efluvios? Como nunca, el vicario vasco medía el sonambulismo de cuanto llamamos la vida real y lo irreal de nuestra identidad, ahora que desplegaba los brazos dando la señal a un nuevo enjambre de armonías para levantar su primer vuelo. La tradición primitiva de los músicos casi medievales reanudábase en él con esto que sería el fin de fiesta, que era su propia obra y que sabe Dios en qué días del porvenir volvería a resonar, cantado por qué voces.

---

[153] Referencia a la *Lux aeterna* de Victoria, parte de una misa de réquiem de 1603.
[154] Referencia al villancico *Pero Grullo* de Durango.
[155] Labiaga es una localidad de Navarra con un monte y una cueva. En *La leyenda de Juan Alzate* de Pío Baroja (1922) se habla de pastores cantando villancicos en ese lugar.

El coro había dado comienzo: narraba, como un ocaso sobre el océano, la solitaria vejez de San Juan en Patmos. Pero he aquí que evocaba la Última Cena, la voz como visionaria del Evangelista, cuando, con su cabeza reclinada sobre el corazón de Jesús, le preguntaba quién había de traicionarle …; las tinieblas del Calvario y el estertor que le designaba desde la Cruz el *ecce mater tua* …;[156] la pena cuando viera, él primero, el Santo Sepulcro vacío…; el alborozo cuando, él primero, reconociera al Señor en su aparición del Tiberíades[157] y la inmortalidad enigmática del "quiero que quedes hasta que yo venga" con que investiera el Maestro a aquél que no nombra el Evangelio sino como "el discípulo que más amaba…" Y, con sus notas apocalípticas, el coro volvía a cubrir ese *quem diligebat*,[158] de una ternura que lindaba con la angustia, y una serenidad rayana en desolación. El músico había escrito pensando en su cantor la meditación divina del último Profeta; pero el cantor, pensando en el músico, había expresado cuanto contenía de humano esa divagación del Predilecto. Al concluir, algo como el fragoroso tableteo del trueno repercutió rodando por las naves. El prelado había dado el ejemplo y, como una ovación al compositor y al intérprete, resonaron en el templo las carracas[159] de Semana Santa.

—Más de una vez —dijo el Provisor, haciendo arrodillarse a Pedro Miguel ante el solio episcopal— había recomendado a Su Eminencia este admirable muchacho.

Deusto había sido admitido también a besarle la esposa,[160] pero más que de su propio triunfo disfrutaba del de su alumno. Y cuando se retiraron, los últimos, de la Catedral, no pudo menos de demorarse en aquellas gradas donde retozaron hace siglos Rinconete y Cortadillo,[161] y desde donde, hacía apenas tres años, un niño y un hombre, que descendían de una torre, habían tomado, sin saberlo, el mismo camino por la vida. Instintivamente, esta vez entraron también por la calle Giraldo Alcázar.

—¿Te acuerdas? —dijo Deusto deteniéndose.

Estaban en la casa del poeta; pero Pedro Miguel, azorado, le tiró infantilmente por el manteo.

—No echemos a perder la tarde, teniendo que ver a esas gentes —dijo, señalando mientras se alejaban, las verjas del asombroso patio.

Prosiguieron lentamente, regodeándose con la frescura vesperal y con la quietud recuperada. A veces, en los portales, oían a su paso un discreto cuchicheo, y un dedo les mostraba a unos ojos invisibles. Y Pedro Miguel se erguía engreído por su gran amigo,

---

[156] Juan 19:26-27: "Mulier ecce filius tuus … ecce mater tua" (Mujer, ahí tienes a tu hijo … Ahí tienes a tu madre), palabras de Jesús en la cruz.

[157] Referencia a la aparición de Jesús a sus discípulos en el lago de Tiberíades (Juan 21:1-14).

[158] Juan 21:7: "dicit ergo discipulus ille quem diligebat Iesus Petro Dominus est Simon Petrus cum audisset quia Dominus est tunicam succinxit se erat enim nudus et misit se in mare" (El discípulo a quien Jesús amaba dice entonces a Pedro: «Es el Señor», se puso el vestido —pues estaba — y se lanzó al mar).

[159] Instrumento de madera de sonido seco y desapacible que se usa en Semana Santa.

[160] Esposa: aquí, anillo episcopal.

[161] Otra referencia a la novela picaresca de Cervantes, que acontece en parte en las gradas de la catedral de Sevilla.

orgulloso de que Sevilla, que le tratara en desheredado, le viera pasar ahora, con un matiz de envidia.

—Únicamente yo no te lo he dicho, Pedro Miguel, pero sobre todo el *quem diligebat* lo has cantado como no me habría atrevido a soñarlo —dijo Deusto con timidez.

Y mientras atravesaban el mercado:

—Estudias mucho, y mereces recompensa: ¿cuál puedo darte?

A su vez Pedro Miguel se había detenido entre dos puestos de naranjas.

—¡Bah! —dijo, reanudando la marcha.

—¿No te atreves?

—¿Para qué? —exclamó con un dengue *el Aceitunita*—. ¡Si sé que *Amigote* no lo consentirá!

—Di, de todos modos.

—Nunca he ido a un circo. . .

—Si no es sino eso.

—Pero querría fuéramos juntos.

Deusto calló.

—¿Ve cómo era inútil? —corroboró el gitanillo.

—Espera —retuvo indeciso el cura—. Tendría que vestirme como tú. Podrían reconocerme.

—¡Bah! El circo está en mi barrio, donde nadie le conoce, y todo sería que Mónica no se enterase.

Y estrechándose contra su compañero:

—No puede figurarse cómo lo deseo, no sé por qué, y cuánto me habría costado confesarlo si no me hubiese valido usted mismo.

—Es todo una escapada, mi primera —profirió el vasco, riéndose medio vencido y con los ojos refulgentes de malicia—. Y, sin embargo, no hay nada delictuoso en ello. Una vez, cuando era chico, la criada me llevó a una función donde su novio hacía el *clown*, y no recuerdo mayor pánico que cuando quiso besarnos a ella y a mí, con sus labios llenos de carmín.

Habían llegado. Y mientras apresuraban la cena, cambiaban, a espaldas de Mónica, señales de inteligencia, o Pedro Miguel arriesgaba alusiones que confundían a Deusto. Por fin, se recogieron pretextando el cansancio de aquel día extraordinario, y, una vez en su habitación el sacerdote, *el Aceitunita* vino en puntillas a reunírsele.

Quedó atónito. A la luz de una bujía, frente al pequeño espejo, un esbelto señorito, vestido de negro, se arreglaba el lazo de la corbata, y cuando, tomando la boina y la capa, se encontraron fuera, el gitanillo no podía hacerse a la idea que ese su acompañante joven y airoso era el adusto sacerdote que él había tenido siempre por viejo.

Iban hacia la Cava de Triana,[162] por atajos despoblados, dando rodeos para evitar las aglomeraciones. Y al propio Deusto le parecía que no era el mismo, como si con la

---

[162] La "Cava de los Gitanos", ahora el Pagés del Corro en Triana.

sotana le hubiesen aliviado de no sé qué traba. Marchaba a grandes zancadas, y a la vista de las girándulas que, del otro lado del rio, anunciaban el espectáculo, se entregó de lleno al placer de su aventura. Una murga acatarrada batía sus címbalos y sus parches, y en torno congregábanse pilluelos que tenían como un aire de familia con *el Aceitunita*.

—Toma localidades de las menos visibles y escurrámonos por entre esta baraúnda— cuchicheó intimidado el vasco.

Pero cuando se vio solo, casi se arrepintió de su ligereza, y tuvo vergüenza de aquel traje seglar que llevara siempre como escondido y con el cual no había vuelto a exhibirse desde su infancia. Se embozó, aunque no hacía frío, y se encasquetó la boina. Y con su enérgico perfil y su boca bondadosa, era un prototipo de su raza, a la vez marcial y eclesiástica.

Tenían el asiento tan cerca, que cuando salieron los primeros caballos, sus cascos les salpicaban con la tierra removida de la pista. La fanfarria aturdía ahora sobre sus cabezas. Bullía detrás el gallinero de los gitanos de la Cava y su prole garrulera. Voces guturales se interpelaban de un extremo al otro del toldo, y lo saturaba un relente de aceite frito y de mecha quemada. De dentro, de la trastienda de los "artistas", venían ladridos de gozquecillos o, de cuando en cuando, rugidos de selva virgen. Y otro tufo a estiércol y a fiera contribuía a infestar la atmósfera. El sacerdote se sentía mareado y, con profundo asombro, notó que, por el contrario, su compañero parecía respirar a sus anchas.

Y comenzó la sucesión invariable de los volatines de pueblo, las écuyères[163] más o menos garridas, que pasan al galope por aros de papel sostenidos por payasos encaramados sobre cubos de madera, con el intermedio del caballo que disminuye el paso, del vals que va languideciendo y del *tony*[164] que hace el amor a la amazona y que, cuando al son de la música, se reanuda el trotecillo danzarín concluye aferrándose a la cola de la cabalgadura. Los barristas gemelos, vestidos del mismo color y con iguales dibujos en las calzas, que ejecutan unánimes proezas, frotan al unísono las suelas de los borceguíes en la plancha de pez, tiran el pañuelo, después de limpiarse las manos, con idénticos movimientos, y agradecen los aplausos con uniforme sonrisa. El malabarista que, como un acerico imantado, hace converger a su persona los más diversos objetos. El que salta al trampolín, el que baile en la maroma o el que hace equilibrios sobre una esfera.

El gitanillo estaba en su elemento, mejor que en la gran corrida y mucho más que en el concierto de esa tarde. No era ya ni el amartelado precoz de *la Neva*, el rival del *Palmero*, ni el sochantre que, después de presidir la obra de Deusto, había besado el anillo de amatista entre el chirriar aclamativo de las carracas. No era sino un niño, el niño bohemio que lleva como una fiebre en la sangre estas trasnochadas de oropel, de charanga y de resinosas teas. Y si había envidiado al torero en la plaza, ahora habría trocado seguramente su prestigio de divo, contra la vanagloria de cualquiera de esos circenses que acababan de encandilar sus ojos y acelerar su corazón.

---

[163] Jinetes mujeres.
[164] Tony: payaso.

Y lo propio debía de ocurrirle a casi todo el público, pues una especie de solidaridad se entablaba entre las graderías y la arena. Las filigranas se apreciaban entre entendidos o se discutía como en familia; los chistes de los graciosos, que más hacían reír, le parecían al vasco incomprensibles; y, sonado el intermedio, entreayudábanse, afianzando los asistentes los cables, que los juglares en persona, con guardapolvo de viaje sobre el traje de malla, venían a tender por encima de sus cabezas. Ahora podía verse que todos se parecían también y que altercaban con la misma voz engolada, tan accesible al grito.

Era, pues, el entreacto, la orgía de calentitos, mojamas y de bocas, de cotufas y naranjas valencianas, de vino de Villanueva y de agua, y agua, y agua. Pedro Miguel había querido probar de todo, pagándose por unas cuantas perras ese festín que cuando niño debía de haberle parecido sólo para toreros y monarcas. Y ahora se apisonaba con el aserrín un tapiz de mondaduras de mandarinas, de cortezas de chufas, de cáscaras de huevo y de caparazones de mariscos sobre todo. La alegría era más violenta, los ojos renegrían más en los rostros trigueños, y el olor a aceite rancio y a pabilo apagado se envolvía ahora sibaríticamente en una niebla de tabaco.

Deusto no había conocido hasta entonces ese ambiente de hampa nómada devenida sedentaria, acampada en Triana quién sabe cuándo, y para la cual el pabellón del circo viene a ser como la tienda común de una noche de feria que viene durando siglos. El sol y el viento los prohíjan, y en zalagas y alcarrazas de alfar,[165] el agua continúa refrescándolos, sin que los dientes lupinos de los hombres necesiten lavarse para espejear como nácar, ni las crenchas relucientes de las hembras hayan menester mojarse para parecer de azabache. A la vera del Betis,[166] de ese río grande que, en su lengua, llamaron los árabes Guadalquivir, los gitanos continúan ignorando las abluciones y se contentan adornándose con las flores que esmaltan su curso, viéndole arrastrar las nubes, o remontándolo en sus divagaciones vegetativas hacia esas comarcas de donde vinieron, pero donde ya no sabrían volver.

De pronto el vasco, que no se había movido de su sitio, vio que, cerca de la salida de los "artistas", Pedro Miguel departía mano a mano con uno de tantos. Parecían mostrarse un periódico y comentarlo calurosamente, y otros gitanos iban convocándose, tanto, que el Niño Jesús de la Palma no tardó en ser el centro de un grupo. Hasta uno de los acróbatas, que venían de disponer la red para los trapecios, se detuvo con la mano en la cortina y se quedó embelesado en aquella, para Deusto, incomprensible charla.

Tornaban los espectadores a sus puestos, llamados por la banda. Rehacíase a la entrada del picadero la doble hilera de monteros vestidos de carmesí, por medio de la cual pasa la trouppe. Y con carreritas como las de los cóndores antes de remontarse, hicieron su aparición los trapecistas, en el preciso momento que Pedro Miguel, muy animado, volvía a sentarse junto a su amigo.

---

[165] Nótese la fuerte presencia de vocabulario hispano-árabe.
[166] Nombre romano del Guadalquivir.

—¿Qué hay? —dijo intranquilo Deusto.

—Que he encontrado a mi hermano, y que acaba de darme el diario de la noche, donde hablan de nosotros.

Pero la atención estaba suspensa desde que sola en el vértice del velamen de Iona, una niña había comenzado sus volteretas en las argollas, mientras media docena de adolescentes encaramábase a la red y, por una cuerda colgante, se izaban hasta los trapecios.[167] Daba comienzo el "sensacional Vuelo del Abismo, por la encantadora señorita Fifí y los asombrosos Hermanos Oros, campeones del Mundo", y el silencio de muerte que había ido haciéndose oprimió a Deusto como un presagio, porque además de aquellos saltimbanquis que voltejeaban de un trapecio a otro (y que más que una bandada de alígeros, simulaban con sus rebotes de nadadores y sus escamas de lentejuelas una banda de delfines) por encima mismo de la gimnasta solitaria, suspendido en la cúspide del circo, parecía cerner su desmesurada sombra un pájaro de presa presto a echarse sobre alguien, alguien ya señalado, pero que ignoraba su sino, pero cuyo signo nadie logra descubrir. ¡Gedeonada[168] sobrecogedora la de preguntarse de todo un concurso, cuál va a morir el primero!

Desde ese instante, el cura vasco vio sucederse los últimos números del programa, los perros y los monos sabios y las focas amaestradas, el contorsionista que traga sables, el hércules, o el prestidigitador que quiebra huevos en una chistera y saca polluelos vivos, sin poder fijarse en nada. La pantomima final volvió a requerirle con su simulacro de un sepelio en que uno, marchando cubierto por una mortaja, por debajo extendía los brazos, y con una alpargata en cada mano, formaba los pies rígidos del cadáver. Delante, a paso de funerala y con acompasados movimientos, una guzla, una concertina y una dulzaina, y otros dos plañideros con cajas destempladas, ejecutaban la *Marcha fúnebre de un polichinela*.[169] Y la farsa tenía una solemnidad a la vez macabra y bufa, que impresionó al gitanillo.

—Mire, *Amigote*, si no fuese una irreverente caricatura, así me gustaría que me llevasen al panteón, con ese cortejo y ese pasodoble.

Salían confundidos en la avalancha, cuando una mano tocó al *Aceitunita* y una voz hizo volverse a Deusto.

—Ya no nos perderemos de vista, chavosillo, y que te siga la suerte.

Los ojos del hermano de Pedro Miguel se habían encontrado con los del cura, que, sin querer, apretó el paso, como sustrayéndose a la impresión de algo cazurro y veladamente amenazador.

Ya del otro lado del puente Isabel II, *el Aceitunita* volvió a desplegar el periódico que acababan de darle, y donde se hablaba del talento del compositor vascongado y

---

[167] Otra novela homoerótica de la época, *El ángel de Sodoma* de Hernández Catá (1929), desarrolla mucho más las connotaciones eróticas de los acróbatas.

[168] Inocentada, perogrullada, simpleza.

[169] "Marche funebre d'une marionette" de Gounod (1818-1893).

de la adorable voz de "nuestro sevillanito": Deusto y Pedro Miguel, sus dos nombres apareciendo reunidos muchas veces en los mismos renglones.

Y, bajo la luz del reverbero, ambos se aislaron, cada cual en su silencio, como si ya no estuviesen solos y juntos, como si mediase entre ellos un tercero invisible que bien podía ser la popularidad o *la Neva*, la vida gitana o, más simplemente, la Vida.

VI

El Carnaval se anticipaba ese año, y apenas si febrerillo loco había retozado aventando los ventisqueros en la Sierra Nevada o deshaciéndolos en chubascos, cuando ya alfombraban los *confetti* las callejuelas de Sevilla o, de balcón a balcón, volaban pétalos y serpentinas o lloviznaba sobre los transeúntes el rocío perfumado de los pulverizadores. Se jugaba también con huevos de cera llenos de esencias y pintados de colores varios, y no era cosa de aventurarse por las barriadas, si no se quería recibir puñados de harina o de carbón en polvo en el rostro y cubos de agua en las piernas. La Cava de Triana, por ejemplo, tomaba en serio su juego, y para salpimentarlo a las veces, dos chalanes se cosían a navajazos o, con las peinetas y las flores, una hembra "cañí"[170] le arrancaba a su rival el moño.

Desde largo tiempo la comparsa de Giraldo Alcázar tenía premeditado correr su algara, y Deusto no supo oponerse a que *el Aceitunita* formase parte; el domingo de Antroido[171] estacionaron, pues, ante la cancela del poeta, más de un curioso y más de un turista para disfrutar el espectáculo de esa carroza enjaezada a la andaluza, como ya no se ven sino por corso, feria o algarrada, y de esos atavíos que van quedando relegados en disfraces. Con peinado alto y el halda a media pierna y calzadas como para un baile, *la Neva* y Rocío parecían dos niñas, mientras Reina, la chicuela, con su peina monumental y su descomunal abanico pericón, moneaba como una persona grande. Y lo propio ocurría a los varones, porque si el poeta, el pintor y el torero rejuvenecían con el pañuelo de hierbas ceñido a las sienes por debajo del sombrero jerezano, y con la chaquetilla y el calzón corto, Tirso y Pedro Miguel parecían dos lugartenientes del *Tempraniyo*.[172]

Y la calesa engalanada de mantones y con mulas encuarteadas, echó a rodar hacia el Prado, al trote de su postillón, que, a guisa de fusta, agitaba un cetro de locura. Montados en potros cordobeses y trabuco al arzón, caracoleaban aquellos jaques, formando un piquete de honor. Y un ¡olé! de entusiasmo callejero saludó esa resurrección de

---

[170] Se refiere al pueblo gitano o Rom.
[171] Antroido o Entroido, carnaval. La palabra no es andaluza sino gallega.
[172] José Pelagio Hinojosa Cobacho (1805-1833), conocido como José María el Tempranillo, bandolero liberal que actuó en la Sierra Morena.

rumbosidades que sentaba tan bien al tipo flamenco de esas "gachís" y esos "gachós",[173] en la decoración legendaria de la Sevilla mudéjar.

La *Niña de las Saetas* estaba sabrosa de veras. Restaurada por ese sol cuyo curso no oscila sino entre la Sierra Morena y la Nevada, como si fuese otro que en el resto de la Península, del continente y del mundo, habían vuelto a asomar a sus mejillas las rosas de las huertanas, aunque parecieran escarchados sus pétalos y ahora que sonreía, tanto con los ojos como con la boca, al bandolero que cabalgaba a su estribo, más que la enlutada *Neva* de los Madriles volvía a ser Rosario Salut, *la Llauraora Valenciana*.[174] Pedro Miguel, Pedro Miguei, como decía ella, no podía menos de admirar su mano, posada en la portezuela, y sentía una loca tentación de tocarla con los labios. Y como su cabeza se inclinara, también adelantó la suya hasta casi juntarlas.

—Pienso —le dijo al oído la tonadillera— que no he sufrido tantos meses nublados sino para bañarme en la luz de este día. No acertaba a dejar mi Sevilla, como si aún me reservase su última palabra ...; y ahora va a decirla, va a decírmela; ¿no es cierto?

—A mí se me figura que llevamos cautivas a ustedes a alguna cueva de esos alcores[175] —interrumpió *el Aceitunita* señalando al horizonte.

—Pero yo querría aún más saltar a su grupa y que nos perdiésemos de todos... para poder encontrarnos.

El aire, el galope, el tráfago, aquel susurro mimoso, iban aturdiendo al adolescente y, como arrebatado por un vértigo, le parecía dejar atrás una vida que era monótona y fría, junto a este carro de la alegría que pasa, de la belleza que dura una hora, de la hora de amor que da su razón de ser a toda una existencia. ¿Por qué haber malgastado días y más días, esquivando esta mujer que no sólo le llamaba, sino que le atraía? Todos los conciertos de las Catedrales no valían un "sí" entre dos superiores. Y sintió sublevarse su rencor contra aquel sacerdote del norte que le había domesticado, recortando pacientemente sus alas y haciendo del ave migratoria un cantorcillo enjaulado, al cual se reemplaza el océano de verdura de los campos por una brizna de hierba, y por un azucarillo las dulzuras de la libertad.

—Pedro Miguel —musitó la cautiva—, dígame que esta carrera triunfal es sin vuelta y que nos llevará tan lejos como nuestra ansia.

Cruzándolos, aventajándolos o escoltándolos, otros caballistas y otros carruajes llenos de mujeres y de flores se anunciaban con cascabeles y risas, entre la polvareda de oro del sol poniente. El río venía desde muy lejos y volvía a alejarse, rozando ese barrio donde está la gran alfarería de la Cartuja y donde, en la arcilla de Triana, sigue vaciándose un alma de ninguna parte.

Y *el Aceitunita* saludó al paso aquel barco sin matrícula ni bandera que viene a ser el

---

[173] Gachí: mujer, muchacha. Gachó: nombre que los gitanos les daban a los andaluces.
[174] "Llauraora" quiere decir "labradora" en valenciano.
[175] Colina o collado, del hispano árabe *alqull*, y éste de latín *collus*.

islote de la gitanería, hoy convertido en pontón, y aquel Guadalquivir que, incansablemente, pretende cortar sus amarras y arrastrarlo consigo, aunque sea en imagen.

—¡Chavó, qué chaval!

El grito partía de uno de los grupos apostados al paso, y el *Niño Jesús de la Palma* creyó reconocer a los matones de la Cava, entre ellos a su hermano. Miraban apenas la hermosura de los troncos piafantes y de las mujeres muellemente mecidas por la calesa; pero formando parte de ese tropel de celebridades que la escoltaban, veían a uno de los suyos, y en su triunfo admiraban el de su sangre. ¡Chavó, qué chaval! ¡Lobos, qué lobezno! ¡Gitanos, qué gitanillo!, quería decir esa exclamación, restallando como el mejor piropo a los oídos del *Aceitunita*. La fama populachera y los favores de una cantaora, esos dos formidables halagos de la vanidad andaluza, los saboreaba al mismo tiempo el advenedizo y, demasiado incauto, no supo resistir a la doble embriaguez.

Y *la Neva* seguía musitando sus sortilegios tan bajo que la mitad se la desflecaba el viento. Pero esos jirones de frases se filtraban mejor en el cerebro y hasta el corazón de Pedro Miguel. El porvenir para ellos … Sus estudios de coro y su estilo natural de flamenco … ¿No había bailado, siendo niño, las danzas herméticas y arcaicas de los *seises*? … Algo nuevo en el teatro … Los viajes. El amor. La Gloria.

¡Bien sabía la sirena su ensalmo! Había adivinado que ese aventurerillo zahareño y procaz no se pagaba ni con una moneda, ni con un beso. Pero hacía tintinear inagotablemente a su oído, al compás de las carcajadas y los cascabeleos del Carnaval, el áureo son del cuerno de la fortuna, la cascada cristalina de las perlas de todas las bocas, y ahora, sí, tentaba su parquedad de ávido y su continencia de insaciable. Bien sabía la especuladora, que doblar el precio es comprarle a la codicia, lo que la ambición no habría vendido.

¿Y *el Palmero*? Muy pálido en sus arreos jerezanos, parecía un picador que acaba de romper su lanza en una justa y que siente vacilar su rocinante. Sem Rubí se echó a reír cáusticamente, mostrándoselo a Giraldo Alcázar.

—Un paso de comedia —dijo—, con la infiel que se enjuga los ojos en la borla de los polvos, y el Celadón[176] que se lleva la mano al lado opuesto del corazón, porque a estos histriones del redondel o del tablado todo les resulta farsa.

Giraldo miraba en cambio al *Aceitunita*, sin reparar que los ojos de Rocío y de Tirso se fijaban a su vez en él.

—¡Un paso de comedia! —repitió para sí mismo el pintor, haciendo encabritarse su cabalgadura. Giraldo puso la suya al paso de la del *Palmero*.

—¡Mi viejo Escamillo!, decididamente tu Carmen está por don José, guapo y rumboso.[177] Pero, ¡por las llagas de todos los Cristos de Montañés, ¿no podríais representar otra cosa más sevillana que esa caricatura gabacha?

Continuaban galopando. Súbitamente se vio al torero comprimirse el pecho, con el ademán que provocara la mordacidad de Sem Rubí, y se le vio escurrirse dulcemente

---

[176] Posible referencia al romance del pastor Celadón y la pastora Astrea.

[177] Referencia a la novela *Carmen* de Prosper Mérimée (1845) y a la ópera de Bizet (1875).

por el flanco de su montura como si ejecutara una proeza ecuestre. Felizmente, el noble animal se detuvo, y los acompañantes, que habían echado pie a tierra, no tuvieron tiempo sino de alzar en brazos a aquel que acababa de morder el polvo de la suprema refriega. Inanimado y al parecer exánime, de súbito parecía envejecido de todos los años suspensos. Un caballero andante bueno para ser reconducido bajo su adarga a su lecho de muerte. Y en la propia carroza del corso se organizó la retirada.

La Neva no sentía sino una sorda irritación por aquel incidente que había venido a aguarle la boda, si bien el contraste de esa nota sombría avivaba sus veleidades en la tierra del amor y de la muerte. Y era curioso, el domingo magno de Sevilla, aquella calesa, cuyos sonajeros de locura aclamaban las comparsas, y en la cual, entre dos manolas, iba un disfrazado, sostenidos los pies por una niña como un querubín, en una cabalgata de mascarada. La batalla de Carnaval agotaba contra ellos sus pertrechos, y esos *confetti*, que formaban bajo las ruedas como un almadraque[178] de nieve multicolor, aquellas serpentinas que se entrecruzaban por el aire, venían a ser las flores con que el pueblo andaluz amortajaba, sin saberlo, al ídolo de su fiesta nacional.

Más de una vez la casa del Pozo Santo había visto volver a su dueño en andas; ésta debía ser la última antes que, en hombros también, se le sacase hacia la eterna morada. Cogido en su corrida de honor, parecía haber titubeado todo este tiempo, para dar con su cuerpo en tierra. Era la suya una de esas malas heridas que no sangran sino por dentro. Y, sin embargo, fue allá, en el puesto de combate, donde recibió por su dama y como galardón de su mano, esta muerte, de la cual sólo ahora venía a morir, discretamente, para que nadie la diera por sacrificio, ni anduviese en lenguas el nombre idolatrado.

Lo que no se había atrevido a esperar el adalid[179] es que fuese ella quien le trajera, en su regazo recostada, su pobre cabeza. Pero por un encarnizamiento de la suerte, aquella suprema piedad era lo único de la ingrata, que el sin ventura ignoraría siempre.

Mientras le subían y se llamaba a los médicos del hospital vecino, la gente iba aglomerándose bajo las ventanas, como en los lejanos días en que el *Palmero* debía asomarse para saludarla. Y cuando, después de haberle dejado y de haber oído de boca de los facultativos que tal vez no saldría de su colapso sino para entrar en la agonía, las mujeres volvieron a su calesa y los hombres a montar a caballo, la penumbra iba espesándose rápidamente. El paseo de coches debía de haberse dispersado, porque cruzaban algunos, ya con las linternas encendidas y en silencio los que los ocupaban, enronquecidos y agotados. Un breve alto preparaba la bacanal de esa noche de las noches de placer, y los amigos pensaron también en restaurarse para arrostrarla.

No era la primera vez que Pedro Miguel traspasaba las verjas de ese palacete mudéjar, donde el poeta ocultaba su ambiguo harén; pero, no habiéndose acogido a su hospitalidad, ignoraba hasta ahora cuántos refinamientos reservaba a sus huéspedes. El baño tibio, como entre los moros, fue lo primero que se puso a su disposición y, como

---

178 Almohada o colchón, del hispano árabe *almatráh*.
179 Oficial, líder, del hispano árabe *dalíl*.

no debían volver a salir sino a medianoche, para recorrer los bailes, en cambio de sus estrechos trajes de fantasía y sus botas de montar, encontraron los excursionistas amplias vestimentas blancas y blandas babuchas, de acuerdo con la pureza de los tapices y la holgura de los divanes. En cuanto a las mujeres, no debía vérselas hasta la hora de la cena.

Habían quedado entre hombres, cada uno con libertad de mutismo, a la sombra de las colgaduras, de sueño, sobre los cojines, o de divagación, por aquella arrizafa, como una Sevilla dentro de la otra. En un ángulo, Pedro Miguel había advertido un alminar, casi invisible desde la calle, pero desde donde debía de dominársela. Y echando al paso una ojeada a un espejo, que le devolvió la imagen de un almuecín, fue a apoyarse en el reborde de azulejos.

—¿Va usted a cantar el *la illah ill Allah*[180] de la plegaria de la tarde? El eco de una sombra tal vez lo conteste desde la Giralda —dijo tras él una voz velada de hombre.

Y como Pedro Miguel hiciera un movimiento:

—No, por favor, no se vuelva. Recortándose en la media luz del jardín, redivive en usted aquel efebo andaluz que un califa cordobés llamara *Espada*,[181] porque sus ojos, decía, le habían traspasado el corazón.

Pedro Miguel no se volvió, por acatar el ruego o porque le halagaba esta otra admiración murmurada también casi al oído. Pensaba, sin querer, en el genio y la celebridad de aquel poeta que permanecía detrás, en las sombras. E intuitivamente reconoció, como Sem Rubí, su potestad de juventud y de belleza.

Giraldo Alcázar había venido junto a él, y contemplaban a sus pies la red de callejuelas donde el alumbrado prendía sus fuegos. Entonces notó que bajo la almocela[182] de lino, los ojos del vate andaluz tenían una suavidad llena de melancolía.

—¡Le habrán dicho tantas cosas raras de mí! Y, sin embargo, yo no soy sino como una boca abierta hasta que un puñado de tierra venga a taparla y a sofocar el clamor inútil.

El Aceitunita le atisbó de soslayo; pero aquellos temibles ojos ofídicos no tenían color en la obscuridad, sino sombra y desamparo, como alguna vez los de Íñigo Deusto. ¿Qué era, pues, esa obsesión de soledad, que hacía aullar a los mejores, ascetas o epicúreos, y como aplacarla? Le parecía como un castigo sin remisión; y entonces comprobó, con sorpresa, que no pertenecía a esa clase de desolados, puesto que para él, como para el Pero Grullo del villancico, el aislamiento era sólo falta de compañía y de sostén.

—No temas —insistió, tuteándolo, el poeta, cual si por su parte hubiese temido intimidar—. Déjame compartir solamente esta tregua y figurarme por un momento que no soy solo.

---

[180] La primera parte de la oración más común del Islam, la Shahada: "*lā 'ilāha 'illā-llāh, muḥammadur-rasūlu-llāh*" (no hay dios sino Alá y Mahoma es su mensajero).

[181] "Espada": referencia al mártir San Pelayo (911-925), degollado con una espada cuando rechazó el amor del califa Abd al-Rahmán III.

[182] Saco de lona o arpillera.

Había dicho *soy* y no *estoy*, porque, como el muchacho lo había presentido vagamente, se trataba, no de algo pasajero, sino incurable, como la vida, cuyo remedio cae de su propio peso. Y a causa de que ahora le sabía triste, Pedro Miguel ya no receló de aquel hombre.

—La belleza es suprema, pues procura la ilusión de la bondad y hasta de la inteligencia—profirió el poeta, de súbito.

E inclinándose con convicción ante el rapaz:

—Te doy las gracias —completó simplemente, sin medir acaso la ironía de su acatamiento.

Durante la comida, de un refinamiento bárbaro, con carnes rojas frías y casi crudas, cargadas de especias, y carnes blancas a medio manir,[183] rellenas de sabores exóticos, circulaban vinos cuyos nombres cree haberse oído siempre. Tokay,[184] Chipre o Falerno, en grandes garrafas el amontillado seco de Poe.[185] Entre el dueño de la casa y *la Neva*, frente al cubierto dispuesto para *el Palmero* y que, por superstición, no había sido retirado, Pedro Miguel se compartía entre dos, más bien dicho tres atracciones, como si en el sitial vacío se hubiese instalado alguien invisible. Habituado a cenar *vis à vis* de Deusto, al joven se le figuraba verle, con su ademán un tanto ritual de dividir el pan o de alzar la copa, y por momentos, en esos intervalos de silencio en que tácitamente todos parecen haberse puesto de acuerdo para callar, alguien hablaba para él solo, con ternura y sin reproche. Y sentía, entonces, como si él mismo no estuviese allí sino por un desdoblamiento, y el verdadero *Niño Jesús* se hubiese quedado allá, en la Palma, en el comedorcito vasco, donde a estas horas el cura debía de cenar taciturnamente.

Experimentó un escalofrío que le corría la nuca. Giraldo había cogido una flor del centro de mesa, y le cosquilleaba a flor de piel. Parecía más cetrino en su albornoz árabe, con un reflejo de ala en el renegrido cabello, y los ojos, como de ajenjo, asoleados por la luz a giorno del comedor.

—¿En qué piensas? —le dijo.

Pero Pedro Miguel recordaba la escena del minarete.

—¡Bah! Yo sólo proporciono la ilusión de alguien que pensara; y, al fin de cuenta, ¿en qué se piensa cuando cree no pensarse en nada o mientras se piensa en otra cosa? ¡Quién pudiera saber lo que uno mismo piensa!

A su vez, *la Neva* le rozó con el abanico.

—No nos ha dicho usted palabra de nuestro traje.

Las dos mujeres se habían vestido también a la usanza oriental, con zarcillos y ajorcas[186] casi groseras. Ambas ceñían a su frente una diadema de monedotas de oro, que tintineaban a cada oscilación de cabeza, como las sonajas de una pandereta.

—Me parece que el abanico no casa con el resto.

---

[183] Cocinar las carnes de modo que queden muy tiernas.
[184] En la segunda edición (1938) escribe "Tockay".
[185] Referencia al conocido cuento de Poe, "The Cask of Amontillado" (1846), sobre un enterrado vivo.
[186] Correas, del hispano árabe *assurka*.

—Pero, aunque apenas estamos en febrero, a las veces una sofoca ya en Sevilla.

—Bien podría darse usted aire con las pestañas.

La Neva, que las tenía sedosas y largas, como para justificar aquella andaluzada, las entornó, mirándole por debajo.

> *Amantito, amantito,*
> *amante, amante,*
> *las pestañas me estorban*
> *para mirarte . . .*[187]

cantó ella con maliciosa sorna.

Haciéndose el ingenuo, Pedro Miguel volvió a interrogar con dejo:

—¿La apodaron a usted como la apodan, porque fuesen sus pestañas otras tantas saetiyas, o por las que desembayesta a mansalva el arquito e las seja?[188]

—¡Serranillo! ¡Bah! —recriminó *la Niña de las Saetas*, subyugada por aquel acento, cuya infantilidad es inimitable, porque se nace con él, y, como el cante, arranca de lo más *jondo*, como el meneo de las caderas en las seguidillas, como la cadencia de las castañuelas, como el ímpetu del fervor andaluz y del amor.

Los manjares y los licores, la electricidad de cuerpos y luces, habían hecho su efecto, y las pipas se sirvieron, pues, con el café, en el patio abierto, donde el juego de agua sobre el tazón de alabastro debía traerle una vez más a la memoria a Pedro Miguel la música del surtidor de la casa parroquial. Y como no había tiempo que perder y su atavío estaba en carácter, las mujeres se contentaron con tomar un taled[189] para volver al carruaje, y antes de montar, los hombres se pusieron al cinto los alfanjes damasquinados o las pistolas, esbeltas como espingardas. Todos llevaban careta, salvo el aguileño Sem Rubí, que pareciendo más que nunca un beduino con su turbante, lo había envuelto en el almaizar[190] negro de los árabes del desierto; dos fotóforos vestidos de aljubas y cubiertos por el fez rojo, alumbraban la comitiva con antorchas.

En cada baile público hizo sensación su entrada; pero no permanecían sino un momento y habiendo comenzado en el Barrera de la calle Amor de Dios y seguido por la de Trajano, con el de Laureano, el Variedades y el Alhambra, pasaron al célebre Zapico de la Alameda de Hércules,[191] y descendiendo hasta los de candil y de cascabel gordo, fueron a la Barqueta, junto al río, y de allí hiciéronse llevar a la plaza de la Paja, donde está el de Felipe, y al Salón de los Apaches, en la calle del Carbón, y al de los Ingleses. Al trianerillo, a pesar de todo, comenzaban a resultarle monótonos esos distintos locales,

---

[187] De la zarzuela *La tempranica* de Julián Romea y Gerónimo Giménez (1900).

[188] Nótese la representación ortográfica del dialecto andaluz.

[189] Velo, sobre todo el que usan las mujeres en la sinagoga.

[190] Toca de gasa usada por los moros, del hispano árabe *almayzar*.

[191] Cabaret de Sevilla en la calle Leonor Dávalos.

donde se corría idéntica zambra[192] en igual ambiente de zaragata,[193] como si, una vez disfrazadas, se confundieran las clases. Y en sus ideas turbias por el alelamiento y la vigilia, percatándose de cuánto desencanto encierra, a la larga, el jolgorio, redonda como un terno soltó una verdad como el puño:

—¡Chavó, y con lo aburrido que es divertirse!

---

[192] Fiesta morisca o gitana con bulla y algazara.
[193] Riña, pendencia, gresca.

VII

Al alba, una especie de deber imperioso desveló a Deusto. Y tan pronto como se rehace la composición de lugar,[194] tan pronto nos recobra nuestra ficticia lucidez. Tal vez fuera dable hacerla desvanecerse con las vanas imaginaciones de los sueños; pero volvemos a admitirla dócilmente, porque a su sugestión la calificamos de vigilia. Singulares hipnotizados, que precisamente cuando se duermen para reanudar una vida imaginaria, es cuando creen despertarse.

El hombre recaído en el *trance*, como ninguno profundo, denominado Realidad, nuevamente era presa, pues, de esa obsesión mal llamada conciencia. ¡Pedro Miguel! Recordó cómo Pedro Miguel saliera la víspera, cómo él se había quedado traspuesto mientras creía velar, cómo ahora era otro día, y cómo no le había sentido volver. Se vistió a tientas, en la incertidumbre del amanecer, y pasó a la habitación contigua. La cama no había sido deshecha. El muchacho no había regresado aún.

Entonces, transido de frío, tomó un manteo y un bonete, para salirse al patio, con su breviario. Y acercándoselo mucho a los ojos primero, leyéndolo más distintamente, conforme la claridad se afianzaba, absorbióse en los maitenes, dando vueltas obstinadamente en torno de la fuente, confundiéndose su siseo con el del juego de agua.

"Sálvame porque se han roto las esclusas y mi corazón comienza a inundarse".

"He perdido pie y debajo tampoco tiene consistencia la arena".

"Llegué a las alturas del mar y la tempestad me anegó".

"Inútil clamar enronqueció mi garganta, y desfallecieron mis ojos".

"Pues sufro oprobio de amor y de confusión se ve cubierto mi rostro".

"Murmuran de mí los que se sientan a las puertas y me cantan coplas los bebedores de vino".

"Óyeme por tu promesa fiel de ponerme a flote".

"Sálvame de quedar atascado en el limo. No se filtre hasta mi alma, ni me ahoguen sus miasmas, ni se cierren sobre mí las fauces de la ciénaga".[195]

---

[194] Concepto que viene de los *Ejercicios espirituales* de San Ignacio de Loyola, tantas veces recordado en esta novela.

[195] Salmo LXVIII [nota de d'Halmar]. No es el Salmo 68 sino el 69 versos 1-4 y 14. La traducción es muy libre y no corresponde ni a la versión de Torres Amat ni a la de Reina Valera, que son las traducciones bíblicas que d'Halmar parece haber usado en otras partes de la novela.

El sacerdote salmodiaba en voz alta. Los que no oran desechan la llave maestra de las herméticas. Porque aparte de la cábala[196] que llegan a formar ciertas combinaciones de sonidos capaces de modificar por vibración el aire que respiramos, aparte de la invocación aparente y de la jaculatoria esotéricamente reiterada, hay todavía el doble fondo de las palabras, su sentido oculto y su virtud de ponernos en contacto con las fuerzas imponderables, de obrar sobre ellas o dejarlas obrar sobre nosotros; un árbol todo de inextricables y profundas raíces, éste que nos brinda sus piadosas florecillas; un *acto de adoración* su perfume y (sobre el sexto sentido del instinto) un séptimo sentido de intuición para recibirlo. Que si dice la plegaria más de lo que dice, sabemos nosotros más de lo que sabemos.

En la casa parroquial no removía todavía nadie. Pero por fuera un paso furtivo rozaba los muros del jardín, y la cancela comenzó quedamente a abrirse. Deusto recordó su escapada nocturna, el día del circo, su vuelta a las altas horas, y tuvo vergüenza y deseos de reír. Entonces vio asomar la figura vestida de blanco del *Aceitunita* y le vio detenerse sobrecogido ante su vista.

—Vete a dormir —dijo en voz baja—, que falta te hace, y no despiertes a Mónica.

Entre el adolescente que había salido la víspera y éste, que volvía, vestido de árabe, parecía haber mediado otra etapa. No era el rostro bruñido por el sol y el aire libre, sino el maciento por el gas y estragado por la noche en blanco. E igualmente lejos del niño grande de ayer, que del hombrecito de mañana, era plenamente joven, en esa actualidad de juventud, tan alejada ya de la infancia como todavía distante de la edad viril.

—¿Te has divertido al menos?

El Aceitunita tuvo un grito del corazón.

—¡Ah! Eso sí que no, *Amigote*, y con lo que me costó escabullirme. Yo no sé si era un infierno, pero me parece volver al paraíso, y pensaba hace dos horas que, me recibieran aquí como me recibieran, yo me sentiría el bienvenido entre ustedes, en comparación de aquella zalagarda.

Las pupilas le chispeaban de ese entusiasmo sagrado que es todavía la inocencia. Sentía tan calurosamente lo que expresaba apenas, que hubiese querido abrazarse a las rodillas de Deusto y besar la fimbria de su manto. A su vez, le parecía ver al cura bajo una nueva luz, con sus facciones, temblorosas y tiradas, su voz que reprendía con amor, ese algo atractivo que mantenía a la vez a raya. Nunca Pedro Miguel, en su presencia, dejaría desbordarse su corazón, soliviantado, sin embargo, por no sé qué vaga congoja.

—Buenas noches —dijo, replegándose hacia las habitaciones.

—Buenos días —enmendó, más con los ojos que con los labios, el sacerdote.

Le veía subir las gradas de azulejos, en su amplio ropaje agareno. El gato, un gatazo ya, le salía al encuentro; lo aupó y, llegado arriba, se volvió todavía, con él sobre los hombros, y, la mano a la frente, a la boca y al pecho, esbozó esa triple zalema que quiere decir "tu recuerdo en mi memoria, tu nombre en mis labios, tu imagen en mi corazón".

---

[196] Nótense las referencias a las artes herméticas, a la cábala, a las artes esotéricas y al «doble fondo de las palabras».

"¡Dios le guarde —pensó simplemente el vasco—, le guarde y le bendiga!"

Devuelto el sacerdote a su devocionario, la casa parroquial había recaído en ese silencio como preñado de expectativa, que precede al despertar, tanto que el cura pensó si Pedro Miguel no habría ganado su alcoba, y en puntillas se llegó hasta su puerta.

No se oía sino el ronroneo del gato, que daba vueltas en torno de su amigo y se restregaba en sus espaldas. Porque el muchacho se había amodorrado así, sin desvestir, y sentado a los pies de la cama, la sien contra los hierros, y los brazos, con las manos juntas, caídos sobre un costado. Diestramente Deusto fue despojándole de las ropas y, doblándole sobre el antebrazo, consiguió recostarle. Un momento le consideró todavía, en tal abandono al descanso, que ni siquiera se había hecho menos regular su profunda respiración. En la posición inerme y supina volvía, como todos los hombres, a no ser sino un niño. Y el sacerdote hubiese querido que el sueño hiciese desaparecer de su mente toda mancilla.

Al almuerzo, Deusto escrutaba la figura ya reposada del *Aceitunita*, sin atreverse a interrogarle y, al contrario, fue éste el que lo hizo, con una salida de pie de banco, en el momento que Mónica traía un plato.

—Usted que es vascongado, *Amigote*, ¿a quién llaman ustedes zurriburi?[197]

—¿Pero quién ha podido darte ese nombre? —exclamó el cura, mirando sin querer a su ama de gobierno.

—Nadie —intervino Pedro Miguel, desafiándola, a su vez, con su retintín—. Lo cual no quiere decir que no me haya sonado a menudo. Vaya, no se hable más de ello, y a ver si usted le dice a *señá* Mónica cómo yo entré antes de la medianoche.

Mónica que volvía a su cocina, no pudo ya reprimirse.

—Lo que tendría que decir el señor cura es su debilidad, de la cual abusas para escarnecernos, Pedrucho, y merecer eso que te dije al oído y que, con sin par frescura, acabas de repetir en alta voz, como haciéndome remorder la lengua. Zurriburi, pues aún no lo entiendes, es lo que tú vas siendo.

—¡Calla, Mónica! —increpó el sacerdote.

—¿Por qué, cuando otros hablarían por mí y, tarde que temprano, llegaría a saber lo que únicamente usted ignora todavía?; que el corso de ayer ha sido una exhibición, con su consiguiente escándalo, y que mientras nuestro sacristancito y sus amigos la corrían, de colmado en colmado, hasta el amanecer, del Pozo Santo acaban de venir a pedir los Sacramentos para *el Palmero*.

Pedro Miguel sólo entonces pareció recordar, y palideció.

—Yo que había olvidado . . . ¡Pobre *Palmero*!

—La mitad del mercado iba a informarse esta mañana, mientras la otra mitad noticiaba lo que yo hube de oír, muy a mi pesar. Andamos en boca de todos, y más largo decían los que callaban al verme, que todas las habladurías.

---

[197] DRAE: "1. m. Barullo, confusión. 2. m. coloq. Sujeto vil, despreciable y de muy baja esfera. 3. m. coloq. Conjunto de personas de la ínfima plebe o de malos procederes".

—Pero ¿cómo ha sido? ¿Tuvo algún percance con ustedes? —inquirió, consternado, el vasco.

El joven iba a contestarle, cuando señora ama se le anticipó.

—Dicen que si desde la corrida de San Miguel ... y dicen y dicen. Pedrucho queda ya advertido, si no quiere que alguien más caiga del potro ..., y yo me entiendo.

—Sus oyentes estaban harto impresionados para detenerse ante otros enigmas. El cura de la Palma, sobre todo, se sentía como solidario del *Palmero*, y en no sé qué responsable de su suerte. Rápidamente impartió ordenes y, un momento más tarde, junto con el bordón que convocaba a la iglesia recién abierta, fueron encendiéndose las linternas con que los fieles acompañaban al Viático y repartiéndolas entre los primeros en acudir. San Juan de la Palma debía este homenaje a aquel feligrés que, con llamarse nada más *Palmero*, había difundido por España y los continentes españoles, el sevillano apodo de la parroquia donde le sacaran de pila y de donde iban a llevarle los últimos auxilios ahora. Porque ésta que doblara por su agonía era la misma campana que repicara cuando nació.

Salieron, al son de las campanillas, como en las solemnidades, con el viril bajo palio.[198] Y, para tener el honor de cargarle, lo curioso era que algún viandante necesitó arrancarse a medias su disfraz de máscara. Carnestolendas,[199] aquel lunes gordo, estaban en su punto culminante, y más de una zambomba y una pandereta saludó el paso de la comitiva, la cual marchaba sobre los papeles multicolores que salpicaban el arroyo.

El Pozo Santo. Deusto penetró solo a la morada, con la esperanza de poder oír en confesión al enfermo; más desde que sus amigos le dejaran, no había sino vuelto del desvanecimiento al delirio; y allí estaba, magro e hirsuto, medio incorporado en el lecho, sudoroso y jadeante, con las vidriosas pupilas clavadas en la puerta por donde veía acudir aquella otra Pálida Enlutada, parecida a la Manola del *Detente*, pero que, inclinándose sobre su pecho, apaciguaría para siempre cuanto ésta y las demás habían atormentado. Y eran nombres de mujer, de mujeres amadas, los que borboteaban sus resecos labios, como si al hervor de la calentura se derramara el contenido de su corazón.

El sacerdote, con esa infalibilidad inexplicable de algunos médicos del cuerpo y muchos de los del alma, midió cuánto camino el moribundo había ya recorrido, alejándose de los vivientes. Ningún clamor podía llegar ya hasta él, así como su mirada proyectábase desde muy lejos por encima de nuestras cosas. Entonces, haciendo un signo a los que se habían quedado rezagados, hizo su entrada en la estancia, con aquel *pax huic domui*,[200] que es la primera y a la vez postrera bendición; junto ya al lecho, roció con agua bendita el agonizante y pronunció el solemne *asperges me Domine hyssopo, et mundabor: lavabis me,*

---

[198] Palio: aquí, el dosel que se lleva en la calle para acompañar al cura en el sacramento de la extremaunción.

[199] Sinónimo de "carnaval", de "caro, carnis" (carne) y "tollendus, tollere" (quitar, retirar).

[200] Lucas 10:5: "Paz a esta casa".

et super nivem dealbabor,[201] dándole a besar la cruz, al *Miserere mei, Deus, secundum magnam misericordiam tuam.*[202] Daba comienzo la ceremonia de la Extremaunción.

Todos habían caído de rodillas y, signando entre fórmula y fórmula, al que iba a morir, el párroco proseguía los supremos exorcismos, por el *in nomine Patris et Filii et Spiritus Sancti, extinguatur in te omnis virtus diaboli per impositionem mannum nostrarum,*[203] las manos extendidas para protegerle, mientras Pedro Miguel preparaba la ampolleta de los santos óleos con que se iba a ungir el cuerpo próximo a devolverse a la tierra.

—*Per istam sanctam unctionem et suam piissimam misericordiam indulgeat tibi Dominus…*[204] Un momento *el Palmero* pareció querer reconocer aquella radiosa figura de adolescente que se erguía a la cabecera de su lecho de muerte. Pero el ministro de Jesucristo le tocaba en los ojos, *quidquid per visum deliquisti,* no sólo a fin de que no mirasen a las cosas externas, sino para borrar hasta la sombra de cuanto dormía en su retina.[205] Y Pedro Miguel creía ver las mil y mil imágenes de miseria y de gloria que habría reflejado, que a la luz de dieciocho mil soles, habría contemplado, toda la alegría o la vergüenza de una vida humana.

—*Per auditum …* El *Palmero* percibía un rumor indistinto, y tanto podían ser voces parlantes como esos ecos de mar con que el caracol de la oreja sigue resonándole al cerebro. Pedro Miguel se figuraba escuchar los juramentos que le habrían cantado al oído sus engañosas, y cuya última vibración venía a apagar en el tímpano, ese copo de algodón saturado de crisma: *Indulgeat tibi Dominus quidquid per auditum deliquisti.*[206]

—*Per odoratum …* Entonces, ante aquel hombre que había abarcado tantos espectáculos, que había oído tantas aclamaciones, cuyo olfato habría husmeado los perfumes de las flores que se marchitan en una primavera y la juventud de las carnes de un verano, un otoño y un invierno, una inmensa ansia de mirarse en las pupilas del amor, de repercutir en sus palabras, de embriagarse con sus vapores, se apoderó del efebo. Y por encima de la cabeza, bañada en el ocaso del último sol, su mano rozó la del sacerdote que tocaba en ese momento los ya cárdenos labios y sofocaba sobre ellos los sones incoherentes, como flotando sobre la boca o viniendo de más en más distantes: *Per locutionem et gustum …* No saborearía su paladar la miel, ni se estragaría con la hiel. Y

---

[201] Salmo 50:9: "asparges me hysopo et mundabor lavabis me et super nivem dealbabor" (Rocíame con el hisopo: quedaré limpio; lávame: quedaré más blanco que la nieve).

[202] Salmo 50:2: "Miserere mei Deus secundum magnam misericordiam tuam et secundum multitudinem miserationum tuarum dele iniquitatem meam" (Misericordia, Dios mío, por tu bondad, por tu inmensa compasión borra mi culpa; lava del todo mi delito, limpia mi pecado).

[203] El acto de tocar al agonizante con las manos: *Ordo administrandi sacramenta,* 1812.

[204] Frase del sacramento de la extremaunción: "Per istam sanctam unctionem et suam piissimam misericordiam indulgeat tibi Dominus, quidquid per visum (auditum, odoratum, gustum et locutionem, tactum, gressum) deliquisti. Amen" (Por esta santa Unción y su benignísima misericordia, te perdone el Señor todo lo que has pecado con la vista… [con el oído… con el olfato… con el gusto y la palabra.. con el tacto… con el andar], Amen)".

[205] En lo que sigue, nótese la importancia de los cinco sentidos en el sacramento de la extremaunción.

[206] De la extremaunción: "te perdone el Señor todo lo que has pecado con el oído".

ese misterio que se llama la voz, quedaba ahogado para siempre, con el arpa rota de las cuerdas vocales, en el fondo de la garganta... *quidquid per gustum et locutionem deliquisti.*[207]

Y ahora eran las manos; la de Íñigo y de Pedro Miguel volvieron a encontrarse junto a aquellas que todavía se crispaban febriles, pero que, como en la vida, ya no asirían sino humo y nada: *Per tactum* ... Los balbuceos del cura vasco eran casi tan inciertos como sus movimientos. Enrojecía y palidecía como el expirante, y su respiración se había hecho no menos penosa.[208] Y complaciéndose en aquella mortal conturbación, el equívoco adolescente le acarició los dedos, sobre la palma misma de esa diestra ya atenaceada por la muerte.

Entonces se descubrió aquellos pies, que habían recorrido su jornada de miseria y de gloria, cuyas plantas no volverían a posarse sobre la tierra, de los cuales nunca más arrancaría esa movible sombra nuestra que nos muerde los talones durante toda nuestra carrera y sólo se aquieta o se disipa dentro del ataúd, con nosotros; los pies, que comenzaban a adoptar la posición inequívoca de los cadáveres: *Indulgeat tibi Dominus quidquid per gressum deliquisti, amen!*[209]

Deusto se detuvo agotado, y recorrió, sobre todo con la imaginación, ese cuarto donde había vivido aquel que iba a morir, ornado con los testimonios de sus triunfos, pero que ya se había hecho invisible para él, como le eran ininteligibles los mil ruidos de la hora sevillana, como no distinguía ya los olores ni los roces familiares, ni podría nunca más medir con sus pasos el estrecho espacio que iba de un muro a otro, y que había sido su verdadero mundo. El sacerdote había ido poniendo sobre cada uno de sus sentidos, como otros tantos sellos de justicia. Y ahora, apenas si la mano izquierda del torero, por un movimiento enteramente reflejo, parecía agitar una imaginaria muleta.

Pero era él quien iba esta vez a recibir la estocada final, a caer y ser arrastrado por la arena, mientras, entre silbos y aplausos, este otro coliseo, por donde no hacemos sino pasar, lentamente va vaciándose.

Había entrado la agonía. Deusto trató de despejarse. Cubrió con el humeral la faz desencajada, y sobrecogieron al propio *Aceitunita* las preces *in extremis*. Como el Alonso Quijano, en la muerte de Don Quijote, proclamóse, por primera y última vez, el patronímico de aquél que el mundo no conocía sino por su apodo: *In die Illa miserere Deus famuli tui Antonii Romani!*[210] Antonio Román, alias *el Palmero*, se iba así, con un nombre latinizado, entre imperator y caricato.

---

[207] De nuevo, frase de la extremaunción, de la sección "A la boca, cerrados los labios": "que se perdone el Señor todo lo que has pecado con el gusto y la palabra".

[208] Nótese la importancia de los cinco sentidos que vinculan al agonizante al cura. En los *Ejercicios espirituales* San Ignacio de Loyola habla de este tema.

[209] De la extremaunción, de la sección "A los pies": "que se perdone el Señor todo lo que has pecado con los pasos".

[210] De la extremaunción, con el nombre latinizado del moribundo: "En ese día que Dios haya tenido misericordia por su siervo Antonio Román".

—*Ab ira tua.*
—*Libera.*
—*A mala morti.*
—*Libera.*
—*A poenis inferni.*
—*Libera* . . . [211]

---

[211] Fragmentos del oficio para encomendar el espíritu de los muertos: "Dios, que lo liberes de tu ira. De una mala muerte. De las penas del infierno".

VIOLACEUS

"Quien no sabe callar el secreto ni practicar
la paciencia, no tiene que hacer más que desear
la muerte.
¡He pasado la vida entera en la renunciación!
¡Y moriré privado de sus palabras! Cuando muera,
transmitid mi saludo a quien fue la gloriosa desgracia
de mi vida".

(POESÍA ORIENTAL).[212]

---

[212] De nuevo, una cita de la prosa de la traducción de Blasco Ibáñez de la traducción de Mardrus de las *Mil y una noches*, esta vez de la noche 119, de la historia del príncipe Diadema y de Aziz. En esa edición, el fragmento en cuestión aparece en el capítulo 159.

I

La vida había cambiado totalmente en San Juan y, sin embargo, no había ocurrido nada. Porque el cura continuaba atendiendo como antes la parroquia, y su servicio, a cargo del *Niño Jesús de la Palma*, no dejaba nada que desear: *Carracas* ascendía a la torre algo más lentamente y menos a menudo; Cosme y Damián habían debido alargar sus sotanas de un palmo, y en el coro *los Tres Magos Ciegos de Sevilla* volvían a concertarse cada Misa mayor, y sus notas de plata, de oro, o de bronce, tenían las mismas vibraciones, el mismo son, o la misma resonancia. Y, sin embargo, la vida había cambiado.

Ahora *el Aceitunita* ya no era un niño. Deusto había acabado por entenderlo así. Con el sentimiento de sus deberes, adquiría el de sus derechos, y ya no cobraba apego a la monotonía regalona del hogar. Como él, *Amiguito*, hecho ya un señor gato, desdeñaba las travesuras y, a lo mejor, emprendía correrías nocturnas, de las cuales se reintegraba con el pelaje menos lustroso, lo cual es, tejas arriba, la manera de estar pálido. *El Aceitunita*, por su parte también iba desmedrando, tal vez por el crecimiento; usaba menos largo el cabello y distraía sus economías en baratijas de adorno.

Una noche de domingo, que volviera retrasado para cenar, porque ahora disponía de sus tardes de asueto y, en vez de compartir la velada con los jugadores de ajedrez, prefería, con Mónica, retirarse a descansar, Sem Rubí, recién llegado para hacer su partida, observaba al mancebo con una mirada que acabó por desazonarle.

—¡Qué cara de pillo tiene usted, maestro! —exclamó de pronto, como para substraerse por aquella insolencia a aquella vigilancia.

—Y de pillo bueno, que son, creo, los peores —confirmó el pintor.

Y señalando la sortija de Pedro Miguel, que brillaba tanto como si fuese verdadera:

—¿Sabe usted, Deusto? A Pedro Miguel, apodado *el Aceitunita* en la Cava, y en nuestra parroquia, por mal nombre, que ya le viene corto, *el Niño Jesús de la Palma*, ahora comienza a llamársele *el de las Alhajas* en esta tierra de motes.

Maquinalmente, Pedro Miguel escondió la mano.

—Dacá, para admirar tu similor[213] —insistió el artista alargando sus diestros dedos.

Deusto, sin prestarles mayor atención, protestó solamente de que se salieran del juego.

---

[213] Aleación de cobre y cinc.

Pero Sem Rubí se había puesto súbitamente serio; devolviendo el anillo, sin comentarios, volvió a la defensa de sus piezas.

Como sobre ascuas, Pedro Miguel abreviaba su cena y se dispuso a dejar la mesa y el comedor.

—Buenas noches, Señor cura.

—Buenas.

—Hasta mañana, maestro.

—Con Dios, *Alhajita*, ¡qué buena estás tú! —recalco el judío con un enganchamiento de nariz característico en él, cuando, por una zumba, trataba de desvirtuar alguna contrariedad.

Deusto, siempre sin notar nada, de improviso llamó al que se esquivaba.

—Te olvidas de avisarle a tu maestro que, como de seis a ocho tenemos mañana confirmaciones, no podrás ir a darle clase de dibujo.

—¡De dibujo, mañana!

—¿No era mañana cuando te tocaba?

Pero *el Aceitunita* se había interpuesto entre el cura y el pintor, y miraba a éste con una seria expresión.

—Bueno, bueno, entendido —masculló Sem Rubí—. Sin embargo, trata de pasarte, aunque sea un momento, pues yo tampoco podré venirme por aquí en la noche.

…Volvió el cardenal arzobispo de Sevilla a atestiguarle al párroco vascongado el alto aprecio que le merecía su celo. Sin embargo, a éste no dejó de chocarle que no pareciera hacer alto en Pedro Miguel, y para salir de dudas, al desvestirse en la sacristía, hizo que se le acercara.

—Su eminencia tal vez ya no recuerde al cantorcillo de San Juan de la Palma … —insinuó Deusto empujándole delante de sí.

La máscara episcopal, bondadosa, pero rígida, no se animó; y la voz, como contenida, imperiosa y condescendiente, no tuvo ningún matiz accesible.

—Sí que me acuerdo, "mi buen Deusto". ¿No es el que llamaban *el Niño Jesús de la Palma*?

Y como el mozo no se atreviera ni a responder, ni a retirarse, los ojos azules del prelado encontraron la mirada de aquellos otros ojos claros; la sondearon fríamente, y lentamente la hicieron bajarse.

Al subir a su carroza, monseñor tuvo, en cambio, para el vasco una verdadera expansión de simpatía.

—"Mi pobre Deusto" —dijo tomándole ambas manos en un movimiento inesperado—. Todo mi favor y mis bendiciones …

Si Deusto estaba intrigado, Pedro Miguel había quedado perplejo; aprovechando la confusión del gentío, se desvistió rápidamente y atravesó el zoco para penetrar al Corral de San Juan de la Palma.

El taller estaba en la penumbra, como aquella tarde lejana de su primera visita. Pero al primer golpecito a la puerta, una voz le dio el permiso de entrar.

Sem Rubí, tendido en una zofra[214] de la tienda árabe, fumaba sosegadamente. De minuto en minuto, como las intermitencias de un diminuto volcán o de un semáforo, el punto rojo de su pipa se encendía en las sombras.

—No hagas luz para lo que tengo que decirte. Acomódate cerca y trata de responderme—dijo el judío con despego.

Pedro Miguel sintió crecer su desazón y una especie de despecho que lo sublevaba contra todos.

—Vamos por partes: ¿cómo puedes hacerte entretener?

—Usted va demasiado lejos—razonó tranquilamente el gitano—. Yo he aceptado un recuerdo de *Ella*, que no tiene valor para mí. *Ella*, en cambio, había solicitado mis favores.

—¡Golfante![215] —interrumpió el pintor, poniéndose en pie de un salto—, hablas como lo que eres; y no es sólo esa sortija: tus alfileres de corbata, todas tus alhajas, son verdaderas joyas.

—¿Y quién le dice a usted que para obsequiarlas no hay sino las mujeres?

Sem Rubí, serenado por aquel desplante, volvió a replegarse, con las piernas entrecruzadas.

—Está bien; entonces soy yo el inocente, y tú el ... epiceno;[216] nunca hubiera creído que tu cura llevara hasta allí su complacencia.

Hubo un silencio mientras volvió a sonar la voz demudada del joven. Ahora ya no desafilaba, y parecía embargarle una vergüenza dolorosa y despreciativa.

—Mi cura... Pero ¿usted no comprende que ése no comprenderá nunca nada y que será suya la culpa si me pierde y si me pierdo? Suya y de usted, que se ha divertido echándome como pasto a tantas voracidades.

—En desquite, me tomas como pretexto, ¿no es eso?, para disimular tu doble vida. ¿Qué eran esas clases de dibujo de que hablaba anoche Deusto? ¿Dónde ibas cuando decías, sabe Dios desde cuando, que venías a esta casa a dar lección?

—A esta casa a dar lección —corroboró lacónicamente *el Aceitunita*—. Mire usted, "maestro", y dejémonos de rodeos y evasivas. Mi porvenir no puede crecer a la sombra de un campanario; tampoco voy a depender eternamente de las *Nevas* y los *Alcázar*, ser un epiceno, como usted dice. Entonces, desde hace semanas, he frecuentado en secreto la academia de baile y, siempre en secreto, cualquiera de estos días me presentaré en el teatro.

Sem Rubí, anonadado, no objetó nada.

—Y ahora que se lo he dicho todo, incondicionalmente, bien puede usted prometerme la reserva.

El otro debía de haber alzado el brazo para protestar, porque su mano removió en la sombra.

---

[214] Especie de tapete o alfombra morisca, del árabe clásico *sufrah*.

[215] Pilluelo.

[216] Epiceno: con características de ambos géneros, o de género indeterminado, aunque implica sobre todo la falta de atributos masculinos.

—No, si no es por mí, sino por *Él*, a fin de ahorrarle, mientras se pueda, las ducas.[217] Y después, cuando yo ya no esté a su lado, también me fio de usted para hacerle entender razón, como a un niño que es.

Callaron. Por fin, el judío pareció tomar una determinación.

—Perfectamente —resumió levantándose con rudeza y empujando a su visitante hacia la salida—. Pero no volveré por la parroquia, ¿entiendes?, mientras estés. Porque si en ti no he cultivado sino un sujeto, un caldo donde remojan todos los gérmenes, Deusto sí que es mi amigo.

—Gracias de todos modos, por él —respondió el gitano con un indefinible tono.

En efecto; todas esas veladas de febrero faltó de San Juan de la Palma el contertulio. El párroco salía apenas, si no era para sus visitas parroquiales. Dos o tres veces los diarios habían anunciado una única representación de *la Niña de las Saetas*, que se despedía en ese "Novedades" donde debutara, y el estreno, para la misma fecha, de un número sensacional, alrededor del cual se hacía el misterio. Hasta la noche prefijada, ninguna indiscreción había trascendido a la casa parroquial, cuando volvió de visita Sem Rubí.

—¡Bienvenido! —acogió efusivamente Deusto.— Me habían dicho que no estaba usted en Sevilla y, dentro de sus girovagancias, no me extraña ni que se fuese sin despedirse, ni que vuelva sin anunciarse.

—Dice bien, porque yo soy el Judío Errante —resolvió el pintor, buscando algo con los ojos.

—¿Busca usted a Pedro Miguel? Está invitado con el poeta Alcázar, y yo me hacía rastras para ponerme a la mesa solo. ¿Usted gusta?

—Gracias, voy a cenar también a lo de Alcázar.

Y como Mónica les dejara:

—Oiga usted, Íñigo Deusto: me ha costado mucho decidirme y, sin embargo, vale más que usted sepa esta misma noche a qué atenerse …

Se detuvo, porque el ama regresaba. Deusto cambió de conversación.

Pero apenas tornó a desaparecer Mónica, el cura volvió hacia Sem Rubí su rostro alterado por la inquietud. Entonces, sujetándole la mano por encima del mantel, el pintor le habló rápido y conciso.

—No vendrá esta noche, ni mañana. *La Niña de las Saetas* se despide de Sevilla, en "Novedades", y en "Novedades" se presenta a Sevilla *el Niño Jesús de la Palma*.

El vasco cerró los ojos. Al abrirlos, Sem Rubí, ya de pie, le tendía la mano para despedirse.

Deusto se instaló, según costumbre, en su butaca. Pensaba descuidadamente. El gato vino a frotarse contra sus piernas, y él le hizo cosquillas bajo la barba. El sacerdote parecía sufrir de una manera distraída, ya sin razón de ser, como si no hiciera sino realizarse lo que siempre había temido. Hasta había en su sufrimiento una cierta distensión de alivio.

---

[217] Duca: caló por "pena".

Y, no obstante, cual si hubiese madurado una resolución, cuando la casa se quedó en silencio fue a vestirse de seglar y, lo mismo que la noche del circo, volvió a escurrirse y a cerrar tras de sí clandestinamente el portal.

¿"Novedades"? No sabía dónde se hallaba y temía preguntarlo. Así, erró a la ventura por calles más o menos céntricas. Hasta que al desembocar de una plaza vino a hallarse, en una rinconada, con el teatro constelado de luminarias. Estaba en esa clásica encrucijada que se llama la Campana. A pesar de su disfraz, sintióse entonces intimidado; pero como algunos fueran a empujar la doble mampara, se mezcló en el grupo y, confundido con todos, penetró en ese salón llamado *La Maison de Danses*, por los franceses, en un drama sevillano, y que, sin embargo, viera nacer a *la Neva*, a Pastora Imperio,[218] a Raquel, a Salud Ruiz y, en épocas ya lejanas, a la Bella Otero,[219] del *Moulin Rouge*.

Esta noche el antro volvía a sus apogeos, porque ya no eran "cantaoras" enronquecidas, ni bailarines descaderados los que iban a ocupar su exiguo escenario ante la hez de los públicos, sino, delante de "todo Sevilla", *la Niña de las Saetas*, que así quería consagrado su pasado y el porvenir de su incógnito compañero. Ellos dos solos debían llenar esa velada. Si las decoraciones le habían sido encomendadas a Sem Rubí, y si la presentación lírica la haría Giraldo Alcázar, el pianista Albéniz,[220] iba a estrenar allí su "Corpus en Sevilla". Y en el balaustre corrido, donde colgaban de ordinario sus capas los chulos, pendían ahora los mantones de las damas ataviadas a la andaluza para esa apoteosis de la música española y del canto y el baile flamencos.

Cuando Deusto pudo refugiarse detrás de una columna, el bardo nacional acababa de comenzar su exordio. Pero para la ocasión no había querido ser sino un coplero, su lírica se relegaba por allí mismo, a la tradición del Romancero y de Manrique, a la del Góngora de las Letrillas;[221] a la vez simple, y aprestada, fingía esos claveles andaluces que pueden imitarse en papel o en trapo, y cuyo sencillo aroma tiene un no sé qué de perfumería. Y la redondilla volvía, con el sentimentalismo cursi, pero ingenuo, con la filosofía barata e indiscutible de la musa callejera.

> *Fuente donde mana el río,*
> *río que se traga el mar;*
> *así nací yo al amar...* [222]

---

[218] Pastora Rojas Monje, conocida como Pastora Imperio, fue una bailaora sevillana (1887-1979). Como en otras ocasiones, en la lista de artistas aquí se mezclan figuras reales con otras ficticias.

[219] Carolina "La Belle" Otero fue una bailarina y actriz española (1868-1965) famosa por sus amores con hombres famosos. Apareció en una de las primeras películas, en 1898.

[220] Isaac Albéniz (1860-1909), pianista y compositor español conocido por su trabajo con la música folklórica española en sus composiciones. Hay un problema aquí en la cronología interna de la novela, cuya acción va de 1910 a 1913: Albéniz ya estaba muerto.

[221] Poemas de Luis de Góngora y Argote basados en la lírica popular, algunos satíricos.

[222] Esta canción, y los versos que le siguen, parecen ser obra del propio d'Halmar, que está jugando aquí con el doble sentido de "desvío".

El vasco, a pesar de la ansiedad, no podía menos de oír y aun de repetirse esos versos que se pegaban al oído como las músicas de los organillos. ¿Cómo ese gran señor podía no ser a voluntad sino un rimador de sentimientos populares? Y el estribillo tornaba a martillar su ritmo de voluntaria vulgaridad:

> ... *Así nací yo al amar,*
> *y muero por tu desvío.*

La escena había quedado desierta. Isaac Albéniz ejecutaba en la sala misma su *Corpus en Sevilla*. Y Sevilla le agradecía al creador de la escuela española de piano, por haberlo inspirado una vez más y porque hubiese querido brindarle las primicias de su nueva obra; pero se deseaba ante todo que le llegase su turno a *la Niña de las Saetas* y, sobre todo, que se presentara aquel incógnito, acerca del cual corría ya una leyenda de incienso y de amor gitano.

Entonces apareció *la Neva*. Deusto la veía por la primera vez, pero la veía en una de sus noches, y su belleza le pareció subyugadora. El sacerdote dobló la cabeza, sometiéndose a esa fuerza incontrastable que viene a ser la hermosura y el amor de la mujer, y se pasó por los propios párpados irritados, por los labios resecos, aquella misma mano que impusiera al *Palmero* los últimos Sacramentos.

Rosario Salut cantaba sin procacidad, con cierta dignidad de vicio que hacía de ella una vestal, lo que la hetaira[223] sigue siendo en los países orientales, donde la prostitución es un sacerdocio. Su atavío mismo era hierático. Y el mezquino tabladillo del teatrucho se convertía, por obra y gracia de su prestigio, en algo como un altar, donde la imagen impura, con la especie de halo que le hacía su peineta, recordaba a pesar de todo las vírgenes de la escuela sevillana.

Cuando Deusto volvió a mirar, ya la tonadillera había desaparecido, aunque aún duraban los aplausos. Y si no se le pedía que bisara,[224] era porque no quería retardarse aquel último número, como el alba en pos del ocaso: la estrella se ponía para que surgiese radiante el lucero.

Allí estaba. Había entrado en escena, sin que Íñigo se diese cuenta, vestido de corto como un chispero, y ahora retrocedía, herido en el pecho por la inmensa aclamación con que se le saludaba. Se le reconocía; mil voces confirmaban aquel *Niño Jesús*, susurrado hasta entonces de oído en oído. Y si la cantadora profana había sugerido una vaga religiosidad, por el contrario el *seise* de la Catedral, el místico cantorcillo de San Juan de la Palma, producía no sé qué deleite de sacrilegio, como si se asistiese a una profanación.

Y el mancebo esbozó primero esas danzas semisagradas, semilibertinas, herencia tal

---

[223] Cortesana griega. Nótese la insistencia en la idea (ya expresada en las referencias a los efebos griegos y musulmanes) de que la diversidad de prácticas sexuales en la antigua Grecia continuó en el mundo islámico.
[224] Bisar: hacer un bis.

vez de bayaderas y almeas,[225] remedo seguramente de las que David ejecutara delante del Arca, o Moisés ante el Faraón. Un momento, Deusto vio a Sem Rubí materialmente volcado sobre el antepecho de su palco. Y detrás del bailarín, la decoración representaba esa misma plazoleta con la Giralda, a cuyo pie, una tarde de no hacía muchas primaveras, un sacerdote forastero se tropezara con su destino.

La orquesta había mudado de compás. Eran ahora las danzas netamente regionales, al ritmo de las castañuelas o al tembloroteo del pandero. Los pies golpeaban las tablas, en el zapateado, o redoblaban en los bailables de punta y tacón; el espasmo de las caderas, las inflexiones de los brazos, el ágil castañeteo de los dedos, todo se amarraba en una guirnalda de movimiento. El vasco ignoraba cuantas vibraciones y cadencias podía sacudir el ramalazo de la música en un manojo de nervios. Una malsana bocanada rarificaba el aire, aceleraba las pulsaciones y ponía cerco a las frentes. Aunque los rostros podían retener su máscara impasible, las manos delatadoras de las mujeres y los hombres se crispaban, húmedas de deseo. Y cuando el cuerpo ingrávido, después de vertiginoso torbellino, volvió a caer de aplomo, a aquellos artistas del bolero, del garrotín[226] y de las seguidillas, del jaleo, del fandango y de las sevillanas, les pareció que nunca hasta entonces habían visto ejecutar sus maravillosas creaciones coreográficas.

Un entreacto, en que se comentaba apasionadamente esta revelación, no sólo de un bailador, sino del Baile, y la cortina volvió a alzarse para dar paso a la divina pareja, *la Neva* y *el Aceitunita*. Avanzó ella su silla hasta las candilejas y, con una pierna sobre la otra y un piececito suspendido en alto, comenzó a templar la guitarra y preludió. Apoyado en su respaldo, el joven recorría la asistencia, y en un quejumbroso tanteo, que arrancó exclamaciones de entusiasmo, se preparaba a cantar. Deusto no pudo más; desplomándose en su asiento, apoyó la frente contra sus manos crispadas a la barandilla, y donde el pulso latía como otro corazón también sufriente.

> *A la Virgen del Rocío*
> *y al Señor del Gran Poder*[227]
> *le tengo un cirio encendío*
> *pa que siempre tu querer*
> *vaya junto con el mío.*[228]

Trinaba indolentemente, medio reclinado sobre las espaldas desnudas de la tañedora; pero en ese momento, una chispa pareció recorrerle y se quedaron fijos sus ojos,

---

[225] Según el *Diccionario de la lengua española*, "entre los orientales, mujer que improvisa versos y canta y danza en público", del francés *almée*, y este del árabe *almeh* (maestra de bailarinas o músicas), y este del árabe clásico *alimah* (entendida).

[226] Baile muy popular a fines del siglo XIX.

[227] Referencia a la Hermandad del Gran Poder, una cofradía fundada en Sevilla en el siglo XV, conocida por su acto de penitencia en Viernes Santo.

[228] De nuevo, parece que esta canción es invento de D'Halmar. Nótese el esfuerzo por representar el dialecto andaluz.

porque acababa de recoger la mirada de Deusto clavada en él, desde la galería. Titubeó un momento, y con una voz dolorida improvisó la última endecha, que no se dirigía sino a él, por encima de los hombros de su amante, por sobre las cabezas de todos esos hombres y esas mujeres congregados en honor suyo. Y, pese a la atmósfera banal del café-concierto, aquella declaración secreta parecía ser suspirada como para sí mismo:

Si un imposible no fuera,
mi oración sería así:
que tú siempre me quisieras,
¡pero que nunca supieras
lo que te quiero yo a ti!

II

Escondido detrás de su pilastra, Deusto dejaba desocuparse el patio; pero pensando que cuando quedase casi vacío, él podría llamar mejor la atención, se sumó a los retardatarios, yendo a apostarse junto a la puerta, donde ya se pegaban los cartelones para el día siguiente. Y a la luz de la última bombilla que quedaba por apagar, vio unidos, en letras de un palmo, esa *Neva* y ese *Niño Jesús*, los dos nombres que se alternaban o se reunían en los comentarios de los transeúntes.

En la Campana, los grupos no acababan de disolverse: esperaba un automóvil, con la librea de Giraldo Alcázar; y como había salido la luna nueva, el sacerdote volvió a temer ser reconocido. Anduvo un trecho, hacia la calle Amor de Dios; pero cual si alguien le hubiese prevenido, volvió precipitadamente sobre sus pasos, a tiempo que *el Aceitunita* se disponía a subir en el *auto*, donde ya se habían acomodado sus amigos.

—¡Pedro Miguel! —llamó quedo.

El joven, rezagado como para explorar los alrededores, debía esperarse que surgiera de la penumbra del novilunio aquel como balbuceo de socorro, porque inmediatamente volvió de su lado la cabeza y avanzó a su encuentro.

Los labios de Deusto temblaban hasta impedirle añadir nada, pero sus manos trémulas trataron de arrastrar al muchacho, en una especie de delirio.

—¡Vente, vámonos! ¡Presto! ¡Antes que se percaten!

Parecía querer substraerle a ese algo que se lo había arrebatado y que no era otra cosa que la suerte. El mozo, que no le había visto así nunca, sintió en su interior como una explosión de triunfo, de piedad y de miedo. Si hubiese estado solo, seguramente le habría seguido.

Pero los del carruaje se habían dado vagamente cuenta de aquel epílogo, que tenía su desenlace después de caído el telón, a la puerta del teatro. Alguien se desprendió de la camarilla, y el cura Deusto reconoció al gitano de la noche del circo.

Apartó con autoridad a su hermano menor y, plantándose delante del vasco, midióle insolentemente. Y éste, sin saber por qué, sintió vergüenza bajo aquella ojeada de bochornosa ignominia.

—Conque a dominarle, ¿eh? A secuestrarle para el fanatismo y el envilecimiento. No, señor cura. ¡Muchas gracias! Ahora que el verdadero amor lo ha encarrilado en el camino de los hombres, soy yo y ya no es usted quien manda sobre él. Y quieras que no, labrará nuestro porvenir y el suyo.

Le había hablado sordamente y casi echándole el aliento. Deusto no contestó, sino que se volvió hacia su discípulo, su niño, y, al verle indeciso, todo el peligro de abandonarle sin lucha a aquella celada donde había caído, pasó en un momento por su imaginación.

Pero otra voz, de mujer esta vez, llamó desde el automóvil:

—¿Vendréis, al fin? Vaya usted, Giraldo, a ver qué es lo que puede retenerles.

Delegado por *la Neva*, el poeta se destacaba hacia ellos. ¡Oh! ¡Con las mujeres sí que no se lucha! Sin una mirada, sin una palabra, el sacerdote trató entonces de substraerse al escándalo, y echó a andar delante de sí, ignorando por dónde y hacia dónde. Entonces, como un adiós del *Niño Jesús de la Palma*, resonó una postrer estrofa:

> *Como hay muerte que da vida,*
> *hay vida que muerte da.*
> *Si quien me quiere me olvida,*
> *quien te olvida te querrá.*[229]

Deusto marchaba a grandes zancadas. Todavía, a espaldas suyas, sonó una exclamación femenina; todavía, muy a la distancia, un improperio.

—¡Permita Dios que te veas como pájaro en manos de niño!

¡Pájaro en manos de niño! Íñigo Deusto llevó los dedos a la garganta y deshizo la corbata, que debía de sofocarle. Llegaba a la Alameda de Hércules; se sentó en un banco y sintió en el pecho aquel mismo ahogo, como si algo como una mano de niño estrangulase su corazón, como un pájaro. Se le antojaba muy distante su parroquia, donde no acabaría de volver en lo que le quedaba de noche y en todo lo que le quedaba de vida. ¿Era cierto siquiera que él tuviese en alguna parte un hogar? Y la palabra hogar volvió a atenacearle con una congoja sin límites de desamparo.

Tornó a llevarse las manos al corazón, y entonces palpó algo que parecía acorazarle. ¿Quién había puesto allí ese libro, cuya lectura le había parecido a menudo egoísta y desencantada, y providencial en ciertos momentos de su vida, como si se entreabriese, como un oráculo, por la pagina de la respuesta?

El simple contacto de la *Imitación de Cristo*,[230] olvidada desde quién sabe cuándo, en el bolsillo interior de esa americana, le reinfundió energía. ¡Dios no le había abandonado, pues! Consultó el oráculo, al azar, y he aquí lo que le respondió, a la débil luz del creciente:

---

[229] Otra vez, d'Halmar inventa una canción que suena a canción popular (siguiendo tal vez el ejemplo de Góngora mencionado antes) que sea pertinente para la acción de la novela.

[230] *De imitatione Christi*, libro de devoción publicado de forma anónima en 1418 (o tal vez en 1427) y atribuido a varios autores, entre ellos a Thomas à Kempis. Fray Luis de Granada lo tradujo al castellano, aunque d'Halmar cita de otra traducción.

"No hay que poner confianza en el hombre, frágil y mortal, aunque sea útil y bien querido, ni has de tomar pena si te fuere contrario".

"Porque los que son hoy contigo, mañana te desconocerán, o al contrario, que como el viento se vuelven".

"Nada mancilla ni embaraza tanto cuanto el amor de las criaturas".[231]

Se alzó y se puso en marcha, esta vez con verdadera ansia de llegar. Y ya delante del curato, sin darse tiempo de entrar, se detuvo a la reja del Jesús de los Afligidos y a la claridad que se proyectaba hasta la calle de la Feria. Llevaba puesto el dedo en la foja donde leyera antes; pero pasó otras diez o quince, y volvió a leer:

"El mártir Lorenzo venció al mundo y al afecto que tenía por Sixto, porque sufrió que le fuese quitado aquel diácono, a quien él mucho amaba.

"Así, tú aprende a dejar a tu amigo y no te parezca grave cuando él te dejare, sabiendo que es fatal que nos apartemos al fin uno del otro."[232]

Volvió a entrecerrar el libro, y penetró como un sonámbulo en la casa dormida. Entonces no quiso acostarse, y como si se velase a sí mismo, se instaló a la cabecera de su lecho, sin abandonar la *Imitación*. Había vuelto a pasar otras cien paginas, siempre al tanteo, y seguía leyendo con avidez, como un hombre alterado que ha encontrado la fuente.

"Si buscas la paz en el trato con alguno, para tu entretenimiento y compañía, siempre te hallarás inconstante y engañado".

"Pero si vas a buscar la verdad, que siempre vive y permanece, no te entristecerás por el amigo que se fuere o se muriere".

"En mí ha de estar el amor del amigo, y por mí se debe amarle. Sin mí no vale ni durará la amistad, ni es verdadera y limpia".

"Tan muerto debes estar a los lazos del corazón, que habías de desear vivir lejos de todos".

"Si te supieses desviar de apariencias, yo entonces manaría en ti abundantes gracias".

"Cuando tú miras a los otros, me pierdes y te pierdes de vista. Cualquier cosa que se ame nos estorba y nos daña".[233]

---

[231] Del primer capítulo del libro segundo de la *Imitación de Cristo*, "De la conversación interior": "No hay que poner mucha confianza en el hombre frágil y mortal, aunque sea útil y bien querido, ni has de tomar mucha pena si alguna vez fuere contrario o no te atiende. Los que hoy son contigo, mañana te pueden contradecir, y al contrario; porque muchas veces se vuelven como viento". Y de la octava sección del mismo capítulo: "Nada mancilla ni embaraza tanto el corazón del hombre cuanto el amor desordenado de las criaturas".

[232] Se cita aquí del noveno capítulo del libro segundo, "De la privación de todo consuelo", de la *Imitación de Cristo*: "El mártir San Lorenzo venció al mundo y al afecto que tenía por su sacerdote, porque despreció todo lo que en el mundo parecía deleitable; y sufrió con paciencia, por amor de Cristo, que le fuese quitado Sixto, el Sumo Sacerdote de Dios, a quien él amaba mucho. Pues así con el amor de Dios venció al amor del hombre, y trocó el acontecimiento humano por el buen placer divino. Así tú aprende a dejar algún pariente o amigo por amor de Dios; y no te parezca grave cuando te dejare tu amigo, sabiendo que es necesario que nos apartemos al fin unos de otros".

[233] Del capítulo 42 del tercer libro de la *Imitación de Cristo*, "Que nuestra paz no debe depender de los hombres": "En Mí ha de estar el amor del amigo, y por Mí se debe amar cualquiera que en esta vida te parece bueno y muy amable. Sin Mí no vale ni durará la amistad, ni es verdadero ni limpio el amor en que yo no intervenga. Tan muerto debes

¡Voe Soli![234] Kempis prescribía como un consejo lo que Loyola había promulgado como una orden: la negación de sí mismo, el horror dominado al vacío, el anonadamiento de ese punto débil y vulnerable que viene a ser nuestra soledad. Y ya que de *ningún modo* conseguiremos sustraernos a ella, ambos aconsejaban tornarla en nuestro provecho, que el hombre más completo será aquel que se someta a estar más aislado. ¡Ave Soli![235]

Presto llegó la mañana, y el cura pasó a la iglesia para decir su misa. Volvía a detenerse en cada paso del Santo Sacrificio. Otra vez era el altar el Calvario, mientras él, con los ornamentos, representaba al Redentor en su pasión y muerte. El amito[236] era el velo con que le vendaron los ojos los sayones a fin de abofetearle, preguntándole: ¿Quién te dio?"; el alba, la blanca vestidura de los locos impuesta como un escarnio por el Tetrarca; el cíngulo figuraba la cuerda con que le ataron para prenderle; el manípulo, la con que lo maniataron para azotarle; la estola, la que le echaron al cuello cuando salió con la cruz. Y la cruz estaba sobre sus espaldas y su pecho, en aquella casulla, ahora de color violeta por la Cuaresma, y que representaba también el andrajo de púrpura del *Ecce-Homo*. Y del cáliz que era un sepulcro, alzando la patena, que figuraba la losa, debía surgir el pan hecho carne y el vino hecho sangre, todo el misterio de la transubstanciación.

Regresó a la sacristía muy pálido, pero sin fatiga, cual si no sintiera su cuerpo. Y, contra su costumbre, la gobernanta no le preguntó nada. Parecía haberles caído un duelo; temían las horas, como después de una noche de velar a un muerto, la llegada de la carroza fúnebre; y como después que se le saca, así, en lo sucesivo, el vacío de la casa y el silencio en Íñigo Deusto.

¿Cómo expresar ese desgarramiento de la separación, más irrevocable que el de la muerte, puesto que lo que mata la vida sigue viviendo? Los muertos no son, tal vez, sino ausentes; pero los ausentes, ellos, sí, están muertos enterrados en nosotros mismos y en lenta disolución de anonadamiento. Deusto había llegado a forjarse el infierno como un lugar de incesantes rupturas, mientras el paraíso debía de ser, por el contrario, el punto de convocación para las supremas reuniones. Adiós, quería decir para siempre, y hasta luego, hasta nunca.

Su mala suerte le volvía a la boca como un sabor insípido. Sus afectos, sus entusiasmos, sus tentativas, todo ese pugilato con el ángel que, de pronto, se substrae y deja jadeante a su adversario, sudoroso y avergonzado, enfrente de sí mismo.[237] Días y años la sangre había fluido a su corazón y refluido de él y, sin embargo, ni una gota de ternura lo

---

estar a las aficiones de los amigos, que habías de desear (por lo que a ti te toca) vivir lejos de todo trato humano.[…] Si te supieses perfectamente anonadar y desviar de todo amor criado, yo entonces te llenaría de abundantes gracias. Cuando tú miras a las criaturas, apartas la vista del Criador. Aprende a vencerte en todo por el Criador, y entonces podrás llegar al conocimiento divino. Cualquier cosa, por pequeña que sea, si se ama o mira desordenadamente, nos estorba gozar del sumo bien, y nos daña". El uso de "manaría" en vez de "llenaría" indica que también consultó la traducción de Fray Luis de Granada, y mezcló detalles de esa traducción con la de Juan Eusebio Nieremberg.

[234] Voe Soli: saludo al solitario, del griego "evohé".

[235] Ave Soli: saludo al solitario.

[236] Lienzo fino, cuadrado y con una cruz en medio, que se pone sobre la espalda para celebrar algunos oficios divinos.

[237] Referencia a la lucha de Jacob con el ángel en Peniel: Génesis 32:22-30.

desalteraba. Las cosas y los seres no son sino espejos donde se mira nuestra imagen, y bien loco quien quisiera abrazar su pálido reflejo. Si la sombra era el cuerpo del alma, tal vez no fuese el cuerpo, sino su sombra, y nosotros, nada más que los sueños balbuceados de algún inmenso durmiente; una sugestión no más, de la cual venía a despertarse al cerrar los ojos.

El vasco envidiaba a cuantos no habiendo tocado este fondo sin fondo que es el vacío de todo, construyen su vida, pieza por pieza, su propia tumba, mariposas empecinadas en envolverse en el capullo donde, de crisálidas, se volverán larvas. Envidiaba a los novios, haciéndose la ilusión del amor; a los padres, encarnando en sus engendros el imposible, aunque redivivo ensueño; a los amigos, somnilocuando cada uno sin oír al otro, dialogando con el eco. Todos ellos domesticaban por lo menos su quimera, y aún mejor los que, verdaderamente dentro del juego, la hacían desplegar las alas en plena fantasía, y contra cada apariencia mezquina, creaban una magnífica ficción, desmintiendo la engañosa realidad, por medio de un engaño aún más irreal.

Pero él, ¿qué le quedaba a él? Los ideales resultaban inaccesibles, porque no existen sino en nosotros, porque realizarlos es coincidir un instante con otro iluso en una misma monomanía. Él estaba solo en la suya. Dentro del vasto mundo, nadie habría soñado soñar lo que él.

Sólo, no ya en lo que era, sino en lo que había sido su sueño, pues en el espejuelo para alondras de la sugestión hay algo que una vez trizado hace imposible y fatal el volverse a cautivar en su prisma. Y, como la verdadera vejez es la falta de ideal, lo justo sería decir que su juventud había pasado.

Adoloridas fibras le retenían, sin embargo, al prófugo, como una palpitante parte de sí mismo. Hubiérale sabido feliz y honrado, y tal vez habría podido desentenderse de su suerte, extirparle de su vida, sometiéndose primero al sufrimiento de la amputación y después al melancólico desvanecerse hasta de la sombra del sufrimiento, hasta embotarse en esa cosa sorda, ciega, muda y amorfa, insensible e inexistente, en esa especie de limbo sentimental que se llama olvido. Pero las llagas no cicatrizan mientras sangren, y so pretexto de razonar, si él divagaba, la suya estaba viva, con ese dolor del dolor que viene a ser la esperanza.

¿En Dios? ... Deusto inclinaba la cabeza, pues por misma lógica que se llega a desconfiar de la vida, tampoco debe esperarse ni puede temerse nada de la muerte. Su mística confianza no había sido eficaz, sino mientras se sintió asistido por una certidumbre humana. Y ahora que le faltaba la tierra, el cielo parecía también desplomársele. Él no alcanzaba el amor sin fe y la fe sin esperanza, de los estoicos. Había amado porque había creído y había creído precisamente porque había esperado.

... Esta vez sí le había sido devuelta la iglesia a don Palomero. Deusto vio con apatía cómo se había aprovechado para atraer a las damas patronesas, para reponer a *Pajuela*, sin consultarle, y hasta para volver a tomar a su cargo la primera misa. Es cierto que él ya no madrugaba. El insomnio le mantenía sobre parrillas ardientes durante casi toda la noche, y en cambio la luz del día le hacía caer en un pesado marasmo. Y esa fiebre de su espíritu era opuesta a la que purificara su carne en su primer verano de Sevilla, porque sus sueños eran también benéficos. Pensando que soñar es contarse cuentos a sí mismo, después de cada comida, había concluido por entregarse a ese opio con fruición.

Y soñaba medio despierto cosas que se le antojaban reales, tal vez por haber perdido el sentido de la otra realidad. Se veía en el vagón de un tren en marcha. El Pedrucho de su infancia estaba a su lado, y él le decía:

—¿No ves que ya no puedo más?

Entonces el otro, sonriendo e inclinándose:

—Tampoco podía durar más, tratándose de una prueba. Olvídala, puesto que, por mi parte, yo no deseaba sino que terminara.

En otra ocasión, había borroneado, después de comer, una carta que no se decidiría a mandar a su destino, pero que le acompañaba. De pronto vio volver a Mónica con alguien como presentido, y su voz gritó alegremente:

—Ya que me iba dirigida, yo mismo seré el correo.

Y se apoderó de la empezada misiva, sin que Deusto pudiese impedirlo. Volvió a encontrarse solo en el comedorcito, con los codos sobre la mesa, y al ver la esquela, todavía fresca, comprendió que había recaído en una ausencia, breve como un abrir y cerrar de ojos, y, sin embargo, insondable como la eternidad.

Una mañana tuvo una alegría muy viva, porque se dijo que ahora sí no estaba soñando. ¡Era tan discreta la manera que *el Niño Jesús de la Palma* había hallado para hacérsele presente! Mientras él dormía, debía de haberse acercado de puntillas a su lecho y le había puesto en el dedo su anillito, esa sortija que fue la primera de las que Sem Rubí llamaba *sus cursilerías*. Deusto la examinó un largo rato. ¡Quería decir tantas cosas ese silencioso gesto! Pero debió de creer que se volvía a dormir, pues cuando en último término se despertó y vio lavándose al gato en un rayo de sol, buscó inútilmente el anillo, hasta que hubo de rendirse a la evidencia de que una vez más había sido juguete del sueño, quien para engañarle se valía de todas las apariencias.

En cambio, cierto anochecer que se había quedado en la iglesia, ante el altar de la Virgen, pero sin orar ni pensar en nada, una música muy tenue de armonio, comenzó en el coro, y aunque se restregó los ojos, continuaba oyéndola. Destacándose poco a poco en sordina, el canto le transportó a otra noche de algunos años atrás, un canto que, entre las sombras de la nave, venía como un murmullo de resaca, a lamer tímidamente la orla del sacratísimo manto.

> De nuevo aquí nos tienes,
> Purísima Doncella,
> más que la luna bella,
> postrados a tus pies.[238]

---

[238] Comienzo de la canción religiosa "Venid y vamos todos con flores a María".

El cura no hacía un movimiento, para que no se disipase aquella alucinación; pero las armonías y la voz habían ido extinguiéndose, y solamente el eco vibraba todavía, cuando dos labios febriles se apoyaron amorosamente en sus dedos.

No miró: entornó, al contrario, los párpados, y al esquivar la mano, la puso en una cabeza rizada, que se doblegó bajo su imposición, como bajo una caricia. Y así permanecieron ambos, ante la Reina de los Cielos, como arrobados de la tierra.

La reflexión triunfó de aquel abandono en que el vasco reponía tantos quebrantos. ¡Juntos, en el mismo sitio y a la misma hora, rodeados por las mismas cosas …! Nada parecía haber cambiado y todo era distinto. Abrió los ojos, retiró la diestra, y se quedó en pie ante el arrodillado, mostrándole con un mudo *absit*[239] sin réplica, la claridad lejana de la puerta.

El pródigo entonces se levantó a su vez y dio algunos pasos hacia la salida. Una sombra de mujer, disimulada tras de una columna, le salió al encuentro y se le reunió. Y Deusto adivinó que *ella*, que se lo había requerido, volvía a llevárselo para siempre.

Y cuando la iglesia quedó vacía, vacía, vacía, irremisiblemente vacía, el sacerdote tornó sus ojos a lo alto; pero un velo de sombras ocultaba a la Divina Auxiliadora.

---

[239] "Absit omen": que este mal augurio se vaya".

III

Demasiado tarde, pero siempre a tiempo. ¿De dónde y por qué se había formulado Deusto esa paradoja con honores de divisa? Desde hacía días le parecía, en su tensión nerviosa, que las cosas no podían seguir así, que se preparaba algo en su mundo, sin lo cual se habría desquiciado. Pero era tal la fuerza de su ansiedad, que él no dudaba que, de un modo o de otro, las cosas no podían seguir así.

Una mañana de mucho sol, que se había levantado casi como aturdido y que había entrado medio ciego en la penumbra de la iglesia, al salir del confesionario, que él llamaba entre sí una celda del averno, y al acompañar hasta el pórtico a alguien que se retiraba, antes de pasar visita solo, a los pobres y enfermos de la parroquia, se detuvo un momento, deslumbrado ante el color y el movimiento de esa calle de la Feria, donde comienza el barrio más morisco de Sevilla.

Se apoyaba en las piedras rojizas que habían sido de la mezquita Khourma-aghadj-e,[240] y que formaban hora su curato de San Juan de la Palma. Eran las diez de la mañana, y los que venían de la Puerta de la Macarena[241] o del Mercado de la Encarnación,[242] descubríanse al pasar ante el oratorio del Cristo de los Afligidos y volvían a descubrirse al ver la alta figura del párroco en el porche de su iglesia. Algo le hizo sombra de pronto y sintió que se habían apoderado de la mano que tenía el breviario.

—Tienes una *duquita jonda*[243]—le dijo casi al oído una voz cómplice—. Déjame entrar en tu casa, y te diré lo que te ha pasado y lo que se te aguarda.

Era una mujer casi negra, vestida de rojo y con un pañuelo amarillo a la cabeza, ni vieja ni joven, como reconocida por el viento y el sol, una verdadera cerámica de los hornos de Triana, enfardelada en la bandera española. El vasco hizo un movimiento para esquivarse, pero no logró desasirse.

---

[240] Por lo visto, nombre de la mezquita sobre la que se construyó la iglesia de San Juan de la Palma, aunque no he podido confirmar el dato.

[241] Puerta de la Macarena, del árabe Bab-al-Makrin, fragmento de la antigua muralla de Sevilla, de la época romana y musulmana, cercana a la Alameda de Hércules.

[242] Antiguo mercado en la Plaza de la Encarnación de Sevilla, ahora sitio del famoso proyecto arquitectónico contemporáneo Metropol Parasol (conocido como las Setas de Sevilla).

[243] "Duquita jonda" del caló "duca" (pena, agonía) y "jondo" (profundo).

—¿Por qué tienes miedo, padre cura? —continuó ella, con su tuteo pueril—. Déjame entrar un momento en tu bendita casa, y no me des sino un poco de agua de tu aljibe.

¿Cómo cedió el sacerdote? Pensó que Mónica no debía aún estar de vuelta y, furtivamente, con movimientos rápidos y seguros, la hizo cruzar el templo y pasar a la casa parroquial, por la entrada interior. Y una vez en el comedorcito, herméticamente cerrado contra los insectos, en la frescura de la semiobscuridad, subrayada de listones de sol en las persianas, se dejó caer en su sitial y vio como en un sueño, uno de esos tantos sueños de sus noches de esos días, a la gitana, que extendía sobre la mesa una sucia baraja.

—Este eres tú —decía la maga— porque es un rey, y tú eres un hombre sabio y santo; pero esta sota de espadas puede ser una niña o un joven. ¡Ah! ¡Fíjate! Se ha dejado prender en la trampa urdida por tres mujeres, y ahora sí que estoy segura que es un hombre y todo corazón para ti. Ahora está triste y arrepentido, y ahora. . . Pero, ¡el pobrecito!, en torno suyo ronda la muerte.

No se oía sino el tictac del péndulo, y afuera el chisporroteo del surtidor. Con los ojos abiertos en la penumbra, Íñigo Deusto parecía abarcar verdaderamente un sino develado por una roda-tierra, en una mañana de sol y de silencio. Le palpitaban las sienes, le zumbaban los oídos, como el día terrible de su apoplejía, y en las arterias de su pulso parecían repercutir los latidos de su corazón.

—¡La ronda, la ronda! —repitió la negra, después de haber recogido y vuelto a abrir en abanico su juego de naipes—. Y su círculo se estrecha y le encierra, pero no lo ahoga. ¡Es terrible verle tan jovencillo, bajo semejante amenaza!

Se volvió a detener, como exhausta. Entonces se tornó hacia el cura y, con un gesto de escamoteo, volvió a cogerle la mano y a acercarla a sus ojos. Bruscamente se la soltó, como si hubiese leído en ella algo que la intimidaba, y se quedó en pie ante él, como apesadumbrada.

—Déjame salir —cuchicheó infantilmente.—Y si me das guita,[244] rogaré por ti, padre cura.

Deusto la vio alejarse y la vio volver azorada la cabeza y hacer repetidas veces la señal de la cruz. El rey … las tres mujeres … Y le parecía ver salir una y otra vez ese sombrío as de bastos, suspendido como una maza sobre la cabeza del sota de espadas, "todo corazón para él".

Esa misma noche, Deusto tuvo otro sueño, sugerido tal vez por aquella absurda escena. Veía a Pedro Miguel; pero, poco a poco, le veía convertirse en esqueleto, y después, como ocurre en los sueños, ya no era Pedro Miguel, sino un gran gato, que iba convirtiéndose también en carroña. Y esa otra mañana, cuando cruzó el pasillo, para ir a decir su misa a la iglesia, tenía la vista fatigada. Mónica, los ojos enrojecidos y secos, le detuvo con un ademán casi hostil.

—¿Quiere entrar un momento al comedor, señor cura? Tenía que comunicarle algo.

---

[244] Por "aguita", esfuerzo por representar el habla de la gitana.

Penetró tras él y cerró la puerta. Íñigo Deusto se había refugiado en el mismo sitial de la víspera, cuando la gitana desplegaba ante él sus malas artes. Mónica, también de pie, no escogió mucho sus términos.

—Esta noche, Pedro Miguel ha tratado de matarse —dijo sin atenuación.

Deusto la miró sobrecogido.

—Sí, sí —repitió ella concisa.— Ha querido darle a usted ese otro testimonio de su piedad religiosa y de su piedad filial; desgraciadamente, se ha fallado.

Estas palabras fueron para el vasco la salvación. Toda su sangre no dio sino un vuelco.

—Mónica —dijo— también tú me das una prueba de tu altruismo y de tu cariño. Llegada la ocasión, veo que saben corresponderme los que yo he querido.

Pero la vizcaína estaba demasiado indignada para enternecerse.

—Si siempre hubiésemos dicho pan, pan; vino, vino, [a][245] las cosas, no tendríamos que lamentar lo que ahora sucede— prosiguió— y que salpica el curato y la vestidura que usted lleva. Después del escándalo del teatro, el suicidio frustrado. Todo Sevilla, que Dios confunda, lleva y trae, con el bendito nombre del Niño Jesús, el nombre sagrado de la Palma, y lo único que me atrevería a pedirle a usted es que volviésemos a nuestra tierra.

El amo callaba, no oía siquiera. Había recibido en el corazón un golpe, y sólo sabía que sufría.

—Nos han derrotado —insistió sin darse cuenta el ama. —La ciudad pagana ha dado al traste con su buena fe, señor cura, y acabaríamos por perder hasta la fe, monda y lironda. ¿Qué tenemos de común con lo que nos rodea? Vámonos a Algorta, y esto nos parecerá después un purgatorio.

Deusto continuaba no oyéndola. En aquel naufragio de todas sus ideas, sólo flotaba un instinto: el de saber cómo estaba, dónde estaba Pedro Miguel; y maquinalmente descolgó el bonete, salió y atravesó la calle, para penetrar en esa Casa del Moro, ahora llamada Palacio de Torre-Nueva o corral de San Juan,[246] donde sonaban las castañuelas de la academia de baile, yendo a ese taller en que Sem Rubí pintó el cuadro del Domingo de Ramos, y en que *el Niño Jesús de la Palma* conoció las tentaciones del mundo, el demonio y la carne; el pintor sabría decirle ahora qué había sido de él.

Pero no estaba; la criada deducía que, habiendo salido, contra su costumbre, muy de mañana, no debía de tardar; y al introducirle en el estudio le previno que ya había alguien esperando.

Deusto pensó que pudiera ser *la Neva*; mas al ver aquella señora con una criatura y un perro, comprendió se trataba de la mujer de ese ambiguo secretario del poeta Alcázar.

Se había cruzado entre ellos un saludo, receloso por parte de él, distraído de parte de ella; pero, de pronto, la expresión ausente de la joven madre se armó con un destello como de sorpresa.

---

[245] Falta "a" aquí en las ediciones de 1924 y 1938.

[246] El Palacio de los Marqueses de Torrenueva, también conocido ahora como Casa de los Artistas, se encuentra en la Calle Feria al lado de la Iglesia de San Juan de la Palma.

—¡Qué feliz casualidad! —dijo dirigiéndosele.— ¿No sería usted el párroco de la Palma?

Él se inclinó.

—¡Ah! —exclamó Rocío, casi con alborozo. —Tanto había deseado conocerle, que hasta pensé irle a ver, aunque no le había divisado sino una vez ... La noche del "Novedades" —añadió después de una pausa. Y volviéndose hacia su nenita:

—Baby: Are you going to play in the red room?[247]

Dócilmente la admirable muñequita pasó con su perro al camarín rojo, donde se refugiara Deusto en su primera visita.

—¿Nosotros podemos decírnoslo todo? —insistió ella, con intención.

—Todo puede oírlo un sacerdote.

—No, no es eso —volvió a detenerse—, es ... —Y de pronto, venciendo las conveniencias:

—He sufrido demasiado durante este tiempo. Usted no puede figurárselo o, más bien dicho, sólo usted lo puede. ¡Qué vértigo, señor cura! He llegado a pensar si no estaríamos locos, si un contagio infernal envenenaba y nuestra casa y Sevilla.

La figurilla[248] de la damisela se había despojado de su banalidad elegantemente cosmopolita, y Deusto tenía ante sí a una española que, en el fuego del discurso hasta recobraba su acento andaluz. La rectitud de la raza se sobreponía en ese momento a las disipaciones, y había en su tono un sincero horror por toda esa anormalidad.

—Giraldo Alcázar, yo, y mi marido y, como si no fuera bastante, la *Neva*. Pero ha sido ese *Niño de la Palma* el centro de nuestro torbellino. Hubo momentos en que hasta yo misma me sentí contagiada por aquella fascinación. Pero la madeja se ha seccionado en su nudo, y aquí nos tiene usted como cabos sueltos.

En la habitación vecina la niña amonestaba mimosamente al perro, que le respondía con ladridos tiernos. Deusto echó la vista a su alrededor, buscando un punto de apoyo.

—¿Se siente usted indispuesto?

Él la miró a los ojos.

—Pienso en él— dijo con voz sorda—, usted habla yo no sé qué; pero yo no puedo pensar sino en él.

—¡Ah! —profirió la mujercita.

Sus ojos, encendidos por tantas pasiones encontradas, se habían amortiguado, y se atrevió hasta a tocarle el brazo.

—Yo sabía que, de todos, era usted el único digno de compasión. Pero vive, señor cura, y este atajo le habrá enseñado el camino. Acójale, guárdele, sálvelo.[249] Solamente a usted quiere, y nadie sino usted sabe quererle.

---

[247] En inglés en el original.

[248] La edición de 1924 tiene "figurina", la de 1938 "figurilla".

[249] Así en las ediciones de 1924 y 1938: leísmo con los verbos "acoger" y "guardar" pero no con el verbo "salvar". Esta inconsistencia puede ser síntoma de que tanto los de la imprenta de esa edición, en Chile, como el autor se sentían algo incómodos con el leísmo.

Miraba al vasco con un respeto enternecido y, como para borrar toda huella de aquella turbulencia:

—Es que usted es puro —comentó casi temerosa— y únicamente así se puede amar, sacrificar o matar.

—¡Matar!

Como si repitiese algo cuyo alcance no medía, Rocío insistió:

—Matar o morir, porque sólo a los limpios de corazón les es permitido verter sangre.

Deusto no podía mas, y atajó aquellas divagaciones:

—Por piedad, señora, ¿no querría usted decirme lo que ha sido de mi niño? Quisiera acudir en socorro suyo, y permanezco como paralizado y perdemos en comentarios ya inútiles un tiempo que puede ser precioso.

Rocío se había rehecho. Una sonrisa casi maligna dilató sus ojos negros.

—¡Cuando le afirmó a usted que hemos salido quites por el susto! Todo peligro ha pasado; pero está en el hospital, naturalmente, y cuanto amigo de él y enemigo suyo hay en la ciudad, llevará brazadas de flores hasta la camilla de ese Werther fallado.[250]

—Pero ... ¿por qué lo ha hecho?

Rocío volvió a considerar a su interlocutor con conmiseración. ¡El bravo hombre! Ella le habría abrazado de buena gana o se le habría echado a reír en las barbas.

—¡Déjese de remordimiento, señor cura, que ni usted ni nadie desenmarañará tan fácilmente lo que se pasa en el alma de un Pedro Miguel! ¿Que por qué lo ha hecho? *La Neva*, Giraldo, hasta yo misma, quién sabe, cada uno tenemos derecho a figurarnos haber sido la causa, todos menos usted. Y, sin embargo, ninguno de nosotros posiblemente tenga nada que ver con su desatino.

—¿Dónde y cuándo lo hizo?

—Anoche, y en el fumadero de casa. Y aunque se contenía para no pedirnos socorro, se veía en sus ojos el espanto de lo que intentara y el miedo a lo que podía acarrearle. ¡Ah! ¡No es un valiente, el desahogado!

—No es sino un niño —corrigió el vasco, lentamente y con profunda piedad—. Ustedes, que viven una vida agitada de juventud, pierden de vista toda la inconsciencia que hay precisamente en el aturdimiento. ¿Por qué habló usted de mis enemigos al hablarme de sus amigos?

—Porque no creo que el hermanastro gitano de Pedro Miguel, pongo por caso, ni *la Neva*, ni el propio Giraldo, estén en la mejor disposición hacia usted, a quien hacen responsable de todo.

Deusto la miró perplejo.

—Dicen que si su protección, y dicen que si su abandono ... En fin, mi pobre señor cura, que por angas o por mangas,[251] usted sale a bailar en este desagradable torneo.

[250] Referencia a la famosa novela epistolar de Goethe, *Die Leiden des jungen Werthers* (1774), que termina con el suicidio del personaje, perdedor en un triángulo amoroso.

[251] "De una manera u otra", modismo utilizado por Ricardo Palma en las *Tradiciones peruanas* y por Juan Apapucio Corrales en sus *Crónicas político-domestico-taurinas*.

Únicamente Pedro Miguel parece evitar el nombrarle o, tal vez, quien sabe ni le recuerde.

Volvió el vasco a sentir en el pecho algo intolerable. Él no lo había temido que se pudiera sufrir hasta ese extremo.

—Yo espero a Sem, que debe traerme noticias —dijo Rocío, mirando hacia la estancia en que jugaba su niña— porque en nuestra casa todo anda revuelto, y ni mi marido, ni Giraldo Alcázar, parecen acordarse de que yo y la niña existimos. En cuanto a Rosario Salut, no sale de su asombro de que alguien que ella distingue con sus favores haya podido querer matarse... Ha sido un golpe terrible, no para su amor sino para su amor propio.

Precisamente Sem Rubí alzaba el cortinaje del fondo, aquel sobre el cual se destacara algunas primaveras antes la figura del *Niño Jesús de la Palma*. Al ver a Deusto con Rocío, hizo un ligero alto. Después avanzó hacia el cura con las manos extendidas:

—¡Albricias! —dijo— pues no soy portador sino de buenas nuevas. El primero que dijo entre nosotros que no hay mal que por bien no venga fue un verdadero español, tardío, pero cuerdo.

Súbitamente el pintor sintió respirar, puede decirse, cerca de él, la herida de aquel pecho anhelante, y abandonando ambages:

—En una palabra —concretó, mirando en los ojos al sacerdote— que le creo salvado en todos sentidos.

Y sin transición:

—Vea usted, Deusto: unos inconscientemente, y a sabiendas otros, somos culpables. Aquel barbián[252] hubiese digerido piedras; pero, con nuestra complicada cocina sentimental, llegamos a estragarle el corazón. Ahora que se ha producido la gran náusea, todo vuelve al orden, y su misma enfermedad habrá sido su medicina.

—¿No quedará señalado?

—¿Señalado? ¿Pero usted pudo creer que, en su mayor exaltación, nuestro Narciso[253] pudiera "arrancarse por soleares" y atentar contra su belleza intangible? ¡Oh! Tranquilícese entonces, pues a todo lo que Pedro Miguel se atrevió fue a ingerir un alcaloide que, en menos dosis, habría provocado la muerte, pero que, en grande, ha servido de revulsivo. Del paraíso artificial de la cocaína quiso volarse al Olimpo, y hele otra vez, un poco alicaído, pero muy a gusto, en la tierra.

—¿Qué me aconseja usted? —preguntó Deusto alelado.

—Que deje pasar la racha, apaciguarse este camelo[254] en que ahora se ve envuelto, y que no viene a ser sino eso: pura filfa.[255] No entre usted en competencia con hermanos más o menos chalanes, ni con estrellas que se eclipsan y poetas ultrafinos, pero ya chalados. La oveja descarriada volverá por sus pasos al redil, señor cura, porque, pese a

---

[252] "Persona de arrogante hermosura", según el *Pequeño Larousse*.
[253] La referencia al mito de Narciso interesa aquí por las insistentes referencias al tema de los efebos griegos.
[254] Galanteo, requiebro.
[255] Mentira, engaño.

quien pese, usted es su pastor, y porque es usted el buen pastor. Un proverbio oriental dice: "No hay que hacer nada. Todo se arregla solo".

El vasco se había ido escurriendo insensiblemente hasta sentarse, y, sin que pareciera darse cuenta tampoco, ahora lloraba, rodando sus lágrimas por su rostro impasible, como serenado por una íntima beatitud. Trucidado[256] hasta entonces, daba gracias a Dios, que, por atajos y vericuetos, suele sacar avante sus designios …

Él comprendía ahora que los buscadores de oro necesitan manipular mucho fango para precisamente hallar y lavar la preciada pepita …

Pensaba que, como los relojes, que no se ve adelantar y que devoran el tiempo, así en la vida nada ocurre y va ocurriendo todo …

¡Y él creía haber olvidado! Ahora comprendía que lo que él llamaba olvido no era sino una suspensión de su verdadera vida.

Dígase lo que se diga, y cualquiera que haya sido el giro que debía tomar la vida sentimental de Íñigo Deusto, éste fue su momento culminante y el único en que creyó tocar esa sombra —tan pronto en rezago, tan pronto a la vanguardia, pero no corriendo nunca parejas con nosotros— que se llama la felicidad.

---

[256] Despedazado, matado.

IV

Dijérase que Sem Rubí se apresuraba a enmendar un funesto error, por cuanto visitando a diario al convaleciente, a diario traía noticias suyas a la casa parroquial. Aquella simple amenaza de muerte, que había surgido, había puesto en claro sentimientos que aparecían hasta entonces confusos, y ahora el pintor no tenía escrúpulos en tratar de rehacer lo que él mismo tal vez había deshecho: ese curioso hogar de adopción; ese padre espiritual, que le había parecido ambiguo y que ahora apreciaba en toda la ingenuidad de sus sentimientos; ese gitanillo converso, volviendo a aparecérsele como un niño desamparado. Y Sem Rubí, que bajo sus cínicas apariencias seguía siendo sobre todo un amante de nostalgia, se refrescaba al contacto de afectos tan raros en este teatro de la eterna trivialidad erótica.

¡Aquella amenaza de muerte, que había venido a remover la copa aposada del recuerdo! Al mirarse en su fondo, Deusto pensaba que la piedad tiene el don de enturbiarle, y que, casi tanto como su dejo de lágrimas, el vaho de sangre que se exhala entonces de nuestro vino perturba la razón peligrosamente y con toda la mala embriaguez de las bebidas adulteradas.

Mónica misma, la arisca Mónica, había debido rendirse a las evidencias y se interesaba casi tanto como Deusto por las nuevas que, cada velada, les traía el judío. Y es que toda una cábala[257] se había montado alrededor de ellos. Se había producido en su vida la intervención artera del mundo, tan cruel como gratuita. Y los Giraldo Alcázar, *la Neva* o los hermanos trianeros, se relevaban junto al niño suicida, como para protegerle, en realidad para acapararle. Cada uno tenía sobre él sus miras, exasperadas por la atmósfera del drama que se había producido. Y si la tonadillera fraguaba llevársele consigo a París, donde la llamaba una contrata; si el chalán secundaba por baja conveniencia ese comercio ilícito, Dios sabe qué proyectos abrigaba aquel eterno Dorian Gray[258] que venía a ser el poeta sevillano. En lo que estaban de acuerdo era en "salvarle" de esa influencia de un sacerdote, única que ellos juzgaban perniciosa.

---

[257] Aquí, trato secreto, intriga.
[258] Otra referencia a la famosa novela de Wilde.

Fue, por lo mismo, como una purificación y una nueva luna de miel, para el maestro y el discípulo, esa separación en que transcurrieron los días. Pedro Miguel solía garabatear a hurtadillas billetes en que no expresaba sino sus demandas de perdón y sus propósitos de enmienda, el deseo imperioso, por lo mismo que contrariado, de volver a ocupar en el hogar de San Juan de la Palma un sitio que se le aparecía como privilegiado. Y lo curioso es que, instintivamente, era al ama de gobierno a quien él escribía estas misivas, rebosantes de una ternura que seguramente no iba dirigida a ella. La vizcaína y Deusto no respondían sino por medio del amigo de la casa, con frases alentadoras, pero en las cuales el joven no encontraba lo que hubiese ansiado recibir. Y se sometía a esta pena como a un destierro más, y la aceptaba adoloridamente, como merecido castigo.

Fueron pasando los días y fue relajándose, como es natural, en torno de él, la tensión del primer momento. Pedro Miguel había desmejorado mucho, y Giraldo comenzó a preguntarse si lo que le idealizara a sus ojos no había sido esa especie de subasta entablada en torno suyo. La primera en perder su empeño fue *la Neva*, a quien el galán recibía, es cierto, con indisimulada antipatía, y que habló vagamente al hermano de la posibilidad de que fuera a reunírsele apenas levantado, pero que dejó Sevilla ganada por las mil solicitaciones de lo que había sido toda su existencia. Entonces el gitano, dándose cuenta de que unos a otros se habían montado los cascos,[259] cambió de actitud con el "hermaniyo",[260] y temiendo que le quedase para retal,[261] concluyó buenamente por abandonarle a su suerte.

Era el momento acechado por Sem Rubí que, una tarde, sacó del brazo a su maciento amiguito y le metió en su coche, que les esperaba. Nadie inquirió siquiera dónde devolvía la vida al que había sido el enfermo del cuarto número cinco.

Un cambio total se había verificado en *el Aceitunita*, habiéndole madurado la tristeza. Volvía a ver por las portezuelas las casas de los barrios conocidos. Y él, que se había dado cuenta vagamente del juego de todos aquellos egoísmos, casi temía cuando se detuvieron junto al corral de San Juan de la Palma.

Fue en ese taller, donde había venido niño, que volvió a entrar hombre. Testigo del pasado, no quedaba sino el lienzo inmortal de aquel ya lejano Domingo de Ramos; lo contempló en silencio y fue a tratar de distinguir desde la ventana los ladrillos rojos de la iglesia que había sido mezquita.

Hasta caída la noche, Sem Rubí no volvió a sacarle y a hacerle atravesar la plazoleta, a la hora que nadie atisbaba. Le condujo hasta la puerta de la casa parroquial, y cuando ésta se franqueó le abandonó bruscamente. Pedro Miguel se encontró delante de Deusto.

Ambos habían supuesto una gran alegría, y ahora se quedaban uno frente a otro, cohibidos, como si fuesen otros. Pedro Miguel había tratado inútilmente, en sus días de hospital, de rehacer en su imaginación la fisonomía del vasco. Deusto veía a un mozo

---

[259] "Se habían montado los cascos" quiere decir: "Se le había metido en la cabeza".
[260] Nótese el esfuerzo por representar el dialecto andaluz ortográficamente.
[261] "Temiendo que le quedase para retal" quiere decir: "temiendo que le quedase apenas lo que sobrara".

alto y delgado, con una expresión que apenas si reconocían sus recuerdos. Entraron taciturnamente.

En el comedorcito, a media luz, no había nadie sino el gato. Mónica había querido dejarles a sus expansiones. Sólo que ambos casi echaban de menos que la presencia de un tercero no viniese a aliviarles de ese embarazo que se había enseñoreado de ellos, y que era tanto más inexplicable cuando que cada cual había edificado seguramente por su cuenta los más placenteros planes de porvenir. Quedaban sorprendidos ante la realidad, tan esperada, como antes de despertar de un sueño.

Era una rara impresión, que a Pedro Miguel le transformaba hasta la casa, encontrándola más pequeña y más desnuda, bajo una luz cruda que la mostraba como vacía. ¿Qué faltaba? ¿Qué era lo que había cambiado? Y el prófugo hacía bien tocándose los ojos, como para desvelarse, pues seguramente eran ellos los que miraban las cosas de tan distinta manera.

En cuanto a Deusto, no había pensado hasta ese trance sino en el inmenso triunfo de volverle a tener por sí y para sí, de regreso de su peligrosa aventura a la encrucijada de la vida y de la muerte. ¡Pero comenzaban a presentársele a la imaginación todos los inconvenientes de su existencia reanudada! ¿Cómo hacer siquiera para reanudarla, después de aquellas peripecias, que ahora se le antojaban definitivas e irrescatables? *El Niño Jesús* volvía a la Palma: ese era un hecho. Pero él, Deusto, y la casa, la parroquia, el barrio, la ciudad, ¿podrían olvidar que había abandonado violentamente su seno? He aquí la otra parte de la cuestión. Los hechos, desde el trágico gesto del teatro hasta el gesto teatral del suicidio, habían sido hasta aquí como fantasmas, y eran los fantasmas: la cobardía ambiente, y el qué dirán, los intereses creados, los respetos humanos y las conveniencias, los que tomaban a su vez la consistencia de los hechos.

En el fondo no había sino una cosa cambiada, tan pequeña como capital: que Pedro Miguel había dejado de ser niño para pasar a ser un acusado más ante el inflexible tribunal del mundo; ante sí mismo y ante los demás había cesado de asistirle, y para siempre, esa bella impunidad que se llama infancia; todos sus actos, de ahí en adelante, cobrarían forzosamente un nuevo tinte y adquirirían un aspecto nuevo sus relaciones con los demás. El malestar que él y Deusto sentían era simplemente la presencia de un hombre frente a otro.

—*Amiguito* ya no sabe lo que es jugar —dijo el sacerdote, por decir algo, viendo que Pedro Miguel le acariciaba—. Ya no persigue tampoco la sombra de los pájaros que revuelan. Se ha vuelto grave y tiene demasiado que hacer con devanar sus sueños.

Evitando mirar a Deusto, ni nombrarle por aquel apodo infantil, que ahora le parecía excesivo y un poco ridículo, el gitanillo continuaba alisando el pelaje del felino; después lo levantó en vilo, y el vasco creyó volver a ver la escena del día en que lo trajera. Los actores eran los mismos, y, sin embargo, todo había cambiado. Por telepatía, Pedro Miguel, evocó idéntico recuerdo.

—¿Recuerda su admisión en la familia? ¡Que haya podido acarrearle en mis bolsillos parece hoy hasta mentira!

—Recuerdo, recuerdo —confirmó soñador el vasco—. Yo me había quedado dormido, y tú volvías de tu primera escapada...

Se detuvieron simultáneamente, asustados. Comprendían que ni la memoria podían remover impunemente, sin que, por comparación, el pasado no les enrostrase el presente. Crispábanse los labios de Deusto en una especie de sonrisa, como si fuera a llorar, evocando sus ansiedades de aquella tarde lejana, y Pedro Miguel trataba inútilmente de representarse la alegría, esa, sí, que había experimentado al reintegrar sus lares. Si entonces su amigo grande le hubiese alzado el puño, él le habría besado la mano; ahora...

¡Ahora también! Hizo un esfuerzo supremo y, a tientas, entornando los ojos, cogió aquella diestra amparadora cuando su protector podía menos esperárselo. Y se olvidó, arrobado sobre ella. Deusto la retiró sin ostentación, con el mismo movimiento que echara atrás la cabeza para mirarle por debajo de las pestañas. Y ambos hicieron como si no hubiese pasado nada entre ellos, un poco más descorazonados, únicamente, por aquella tentativa frustrada.

—¿Mónica ...?

—Se recogió hace una hora; la hora larga que yo espiaba tu venida.

No se decían cuán inmensa emoción les había removido a cada uno, durante esa hora, distanciados, como en el día en que Pedro Miguel acudiera a la fiesta de Sem Rubí, por el trecho que mediaba entre la iglesia y el corral de San Juan de la Palma. Su separación de tantos días no les había parecido más interminable que esos últimos sesenta minutos de espera ante el enigma de un común desenlace.

—Bien, bien —repitió un tanto zurdamente el sacerdote, yendo a abrir un aparador—. He pensado que, ya que hemos velado, no nos vendría mal reconfortarnos. Precisamente, todavía no es medianoche y yo alcanzo a cenar contigo.

Tendía el mantel y disponía las copas; pero Pedro Miguel, por este simple retorno a la normalidad de la vida, recuperó su desenvoltura, y quitándole familiarmente lo que traía entre manos le quitó también de en medio.

—Deje usted, y permita que, por esta vez, sea su copero, ¡vamos!, su sacristán de repostería.

Deusto se había sentado con la cabeza inclinada, mientras el joven removía los cubiertos y los platos. Pensaba, por asociación de ideas, en su misa del día siguiente y en que Pedro Miguel ya no podría ayudársela. Nadie debía verle, ni saber siquiera que estaba en la parroquia. Porque esa vuelta clandestina al hogar de adopción tenía algo, a la vez, de rapto y de secuestro. El cura vasco, amparador de un menor, contra su propia familia, se colocaba fuera de la ley y la afrontaba. Una tal noticia, transpirando hasta un diario anticlerical, bastaría para amotinar la opinión publica y cubrirle de oprobio.

Desechó estas ideas, como indignas, y a fin de disipar ese tercero invisible, que surgía más que nunca para separarlos, trató de evocar sus sufrimientos de toda esa época, exasperados por la separación. El corazón que no siente, cuando no ven los ojos, era solo un refrán, pues nunca se exaltan más sus palpitaciones que cuando está fuera de nuestro alcance lo que nos absorbe. Si las gentes se ocupaban de Pedro Miguel, Deusto hubiese querido esquivarlas, y provocarlas si no lo hacían. ¿Con qué derecho hablaban, puesto que no pensaban lo que decían? ¡Pero si callaban era seguramente por no decir lo que pensaban! Y mientras tanto, él, de una raza cuyo sentimiento predominante es tal vez la gratitud, dejaba languidecer lejos de sus cuidados al que, en trance semejante, se desviviera como ninguno por asistirle. Además, ¿por quién, sino por él, por su causa, moría en flor? Dios se lo había dado, porque él sabía ahora que sus años juveniles de prueba, su venida a Sevilla, todo, no tenía otro objeto; y él, con sus orgullos y su apatía, lo había distanciado y no había sabido compenetrárselo de alma a alma. De nadie era más responsable, con nadie más culpable, que con ese hijo de nadie, no bien adoptado por su ternura, la cual, por lo mismo, hubiese debido ser ilimitada. ¡Ah! Debía de faltarle esa fibra que da la verdadera paternidad y que resuena amorosamente a la menor vibración. Ahora sí, su amor era sin fe, como su fe era sin esperanza. No era sino un solterón egoísta y un eclesiástico como emasculado por su ministerio. Humildemente él acataba ahora la acusación que Sem le hiciera un día, en la propia presencia de Pedro Miguel: "Su atmósfera, Deusto, lo ennoblece a uno sin quererlo; pero, ¡ay!, sin que usted lo quiera se la mata también toda alegría". ¡Qué expansión había dado a esos pocos años enclaustrados en su rigidez? ¿Y porque aquella fuerza, contenida pero incontenible, había roto sus estrechos moldes, ya era un extranjero y ya se había convertido en un hombre, el hijo pródigo, su niño de la víspera?

El cura levantó hasta él la mirada, y se preguntó con verdadera zozobra cuál debía ser su deber, ante ese problema insoluble que se llama "otro destino". Sin vacilar le hubiese sacrificado el suyo, pero cabía preguntarse si sería propicio hacerlo. "Y si das la vida, y no tienes caridad, de nada te habrá valido".[262] El sentido de las palabras del apóstol de Tarso le aparecía como nunca inconmensurable, y temblaba de que no ardiese en él esa llamita que nadie puede apagar, pero que tampoco puede encender nada, y por lo cual, y aun despojado de todos sus demás atributos, todavía se reconocería a Dios. *Deus est Charitas*.[263] Su vacilación no hacía sino acusar su indignidad. Los verdaderos pastores, seguramente no se habían dejado aconsejar sino de su arranque y de su impulso. Y de la iglesia de su infancia, recordaba aquel retablo en que el Buen Pastor parece haber abandonado su rebaño, para correr en pos de la oveja descarriada, y lo volvía a ver al pequeño Buen Pastor encarnado por Pedro Miguel en la procesión de un ya distante Domingo de Ramos, sus vestiduras incólumes y sus ojos que todavía no habían contemplado la vida.

¡Que todavía no la habían contemplado! ... Afanosamente Deusto trataba de sorprender en la mirada del ser como nuevo que le había sido devuelto, la sombra de las imágenes que podía haber reflejado. Y una había sobre todo, una imagen, que lo atraía y lo rechazaba con una curiosidad cruel, la de ese cuerpo de perdición que sólo después de haber dado a luz un Dios, después de haber sido Bautismo del Cielo, Espejo de Justicia,

---

[262] 1 Corintios 13:3.
[263] "Dios es caridad".

Vaso Espiritual, Vaso de Elección, Torre de Marfil, Casa de Oro, Arca de la Fe y Arco de la Alianza, ha podido subir a los altares; la imagen del Pecado y de la Muerte, antes que una virgen inviolable, hollase bajo azucenas al áureo oficio de los ojos de esmeraldas. ¡La Mujer, que un niño menos y un hombre más había conocido!

¡La había conocido! ¡La había conocido! Toda la castidad del que había pronunciado y cumplido su voto se sublevaba contra esa como profanación, que, sin embargo, no era sino ley de la Naturaleza. Algo más fuerte que su perdón y aun que su amor, se interponía entre el padre espiritual y el hijo. Nunca más se soldaría el cristal trizado. Y aunque trataran de creer que volvían a ser los mismos, esa virginidad suprema, que es la ilusión, habríase desvanecido para no volver.

También el Aceitunita lo sentía, desaparecida la graciosa indecisión de la adolescencia, pues aunque creyese volver a su amigo para entregársele entero y que tomara posesión de él, algo en su fondo se reservaba contra aquel abandono total; lazos invisibles que le hacían considerar, a pesar suyo, con una piedad compasiva y como sabia, con una como experiencia definitiva, al hombre de Dios que, en suma, no habiendo gustado del fruto del bien y del mal, no seguía siendo sino un inocente.

V

Semana de Pasión. Sevilla muzárabe[264] había comenzado a desplegar a lo largo de sus calles la suntuosidad de esas tapicerías animadas, únicas en el mundo, que se llaman sus pasos de Semana Santa. Hermandades, Cofradías y Archicofradías alistaban en sus filas cuanto elemento tradicional honra la ciudad, y bajo las túnicas moradas o blancas; y debajo de los capirotes blancos y morados, se uniformaban la nobleza de la sangre y la plutocracia, todos los oficios y los gremios. Volvían las Corporaciones a agruparse secularmente en torno a una bandera, y el bastón de plata de los mayordomos, y el honor de llevar ciertos atributos, y hasta la pena de cargar las andas, todo se subastaba al mejor postor, ya que lo que constituiría una prez "aquí abajo" también merecería su correspondiente galardón "allá arriba".

En la parroquia del cura vasco, la solemnidad del Domingo de Ramos, salvo la procesión de *la Borriquita*, con las imágenes de San Juan y de la Virgen, se había celebrado como en cualquier otra, sin que nadie olvidase, sin embargo, aquella memorable Pascua que viera representarse el misterio. El encanto del recuerdo se había amparado de ella, y hasta los que la tildaron de teatral, evocaban con melancolía a una figura vestida de blanco, bajo un pabellón de palmas, y cruzando en su rústica cabalgadura, entre un ejercito de párvulos. Y es que cada cual, sin darse cuenta, personificaba en ese adolescente, hecho ya hombre por el tiempo, en esos niños ya vueltos mozos, sus propios años desaparecidos, la relativa juventud de ayer, todo el espejismo de un pasado que incansablemente va escapándosenos, para convertirse en caducidad, en desencanto y en nostalgia.

Ese Miércoles Santo, hacia la hora de vísperas, comenzaron las "Tinieblas"[265] en San Juan de la Palma, donde venía a oírse, como siempre, el mejor terceto de cantores. Pedro Miguel le había pedido permiso a Deusto para quedarse en el coro, ya que *los Tres Magos Ciegos* no podían descubrirle; pero, mientras el párroco llevaba desde el presbiterio, el cantante de las antífonas y los salmos que, al primero, al segundo, al tercer nocturno, iban haciendo extinguirse, una a una, las quince velas del Tenebrario y sumían a la iglesia enlutada en la dúplice sombra de la noche que caía y de las luces que se apagaban, Deusto

---

[264] Las ediciones de 1924 y 1938 tienen "muzárabe", las posteriores "mozárabe".

[265] El Oficio de Tinieblas (*Tenebrae* en latín) se celebra en Sevilla en Miércoles Santo.

temía cada vez oír mezclarse a las lamentaciones del *¡Jerusalén!*, *¡Jerusalén!*, aquella voz única que no debía volver a resonar bajo una bóveda sagrada.

El oficio era el de los Maitines y Laudes del Jueves, puesto que la Iglesia en esos días se anticipa siempre de uno. Poco a poco, sin embargo, el sacerdote fue embebiéndose en la amargura desoladora de las Profecías y del cumplimiento de las Profecías. Volvió a figurársele como en la Catedral, que aquella hora entre dos luces era esa especie de crepúsculo que viene a ser en la eternidad nuestra vida. Y esa vida, que tanto nos obsesiona, se disipaba en una inconsistencia de nebulosa, flotando inmemorialmente, como antes que se separara el espíritu de las aguas, como una apariencia perecedera, que tal vez ni siquiera hubiese existido nunca.

In monte oravit ad Patrem,[266] cantaban *los Magos Ciegos*: "En el monte oró el Padre, diciendo: Padre, si puede ser apártese de mí este cáliz. El espíritu ciertamente está pronto; pero la carne es débil". Otra llamita se extinguió en el gran candelabro. Y cuando el coro volvió a entonar la invocación terrible: *Jerusalem, Jerusalem, convertere ad Dominum Deum tuum!*,[267] Deusto creyó distinguir la voz del *Niño Jesús*.

Tristis est anima mea... "Mi alma padece mortal congoja: aguardad aquí y velad conmigo. Vosotros huiréis y yo seré crucificado".

Se estremeció. Ahora le parecía que él mismo decía esas palabras o que no las decían sino para él: *Ecce appropinquat hora...* "Ya se acerca la hora en que el hijo del hombre será entregado".[268]

Deficit caro mea et cor meum: "Mi carne y mi corazón desfallecen.[269] ¿Qué hay para mí en el cielo?; ni fuera de Ti, ¿qué puedo desear en la tierra?..."

¡Qué había, pues, en el cielo ni en la tierra que pudiese llenar su corazón exhausto, como para siempre asolado! La postrera lucecita brillaba en la cúspide del triángulo simbólico, e Íñigo Deusto expiaba con una angustia llena al propio tiempo de fatiga, el instante en que, al *Christus factus est*,[270] se la retiraría y escondería debajo del altar y sobre el altar se apagaría también el último de los seis cirios, sumiéndose todo en las tinieblas. Y levantó la cabeza, porque esta vez no podía ser ilusión que, por sobre las voces de los cantores, la voz de "aquel que él amaba", entonaba las palabras de la traición.

---

[266] En esta ocasión el mismo D'Halmar da traducciones del latín al español, así que no son necesarias las notas explicativas. En este caso la cita viene de un himno cantado en Semana Santa, "In monte Oliveti", probablemente la versión con música de Ludovico Viadana (1560-1627).

[267] Oseas 14:2: "Convertere, Israel, ad Dominum Deum tuum, quoniam corruisti in iniquitate tua" (Vuelve, Israel, junto a Yavé, tu Dios, pues tus faltas te hicieron tropezar).

[268] Del responsorio: 'Tristis est anima mea usque ad mortem:/ sustinete hic, et vigilate mecum:/ nunc videbitis turbam, quæ circumdabit me./ Vos fugam capietis, et ego vadam immolari pro vobis. Versus: Ecce appropinquat hora, et Filius hominis tradetur in manus peccatorum./ Vos fugam capietis, et ego vadam immolari pro vobis".

[269] Salmo 72.26 (o 73:26 en algunas Biblias): "Deficit caro mea et cor meum; Deus cordis mei, et pars mea, Deus in aeternum" (Reina Valera: Mi carne y mi corazón desfallecen;/ Mas la roca de mi corazón y mi porción es Dios para siempre).

[270] Christus factus est (Epístola a los filipenses 2:8-9), responsorio.

Melius illi erat, si natus non fuisset... "Mejor le fuera ... Mi amigo me entregó con un beso: hizo esta seña pérfida el que por medio de un beso perpetró el homicidio". *Melius illi erat* ...[271] ¡Mejor le fuera no haber nacido!

La lucecita concluyó por desaparecer y, tras de imprecar, en una última dolorida intimación, el *¡Jerusalén, Jerusalén, conviértete al Señor tu Dios!*, calláronse también los cantores gregorianos, mientras un seco chirrido despertaba en la obscuridad un tumulto de repercusiones cavernosas. Otro fúnebre Carnaval esta Semana Santa sevillana, con disfraces de penitente y cogullas, y con asperezas plañideras, en vez del castañeteo de los bailes; crótalos o mitracas árabes, la palpitación de las arterias de Sevilla, no perdiendo nunca sus frenéticos zangarreos.[272]

Era casi de noche, sobre todo bajo la lluvia que arreciaba, y en esos días de ayuno, el sacerdote permaneció en la sacristía, después que se había cerrado el templo. Sólo había la luz del tabernáculo y acá nada más que su reflejo en el suelo, y en los muros las formas de los armarios de paramentos y vasos sagrados, de los santos envueltos en fundas violetas, del gran crucifijo del testero, disimulado por una sarga negra. En su sitial monástico, entre el cristalino ruido del agua, Deusto se entregó a la meditación de esa Oración del Huerto, que precediera como verdadera agonía la muerte del Hijo del Hombre, y en la que lloró y sudó sangre. Su alma estaba también triste hasta la muerte. Debía de ser muy tarde. Tal vez toda la casa dormía ya. Él estaba solo. Y, sin embargo, dijérase que esperaba algo, algo preparado en esos tres años de pasión, ya que él también tocaba el año de la muerte. Pasada la edad de amar, no faltaba sino morir.

Una silueta obscura obstruyó la claridad que venía del santuario. Y sin un ademán, Deusto aguardó, en la sombra.

Lentamente, Pedro Miguel había venido hasta él, como si le supiese allí, y en silencio se dejó caer a sus plantas y permaneció también casi inmóvil. ¡El templo, la casa parroquial, la parroquia, la ciudad, quién sabe, el mundo entero, todo comenzaba a dormirse en torno de ellos, en la red aisladora de la lluvia! Estaban solos, y no podían hablar sin desencadenar lo inevitable. Entonces, sobre las duras rodillas del sacerdote vasco, vino a descansar dulcemente la cabeza rizada del gitano.

Él no hizo un movimiento. Aquella cabeza se aposentaba sobre sus faldas como si estuviese tronchada, como debió pesar la del Bautista en el plato de oro de Salomé. Y Deusto sufría la tentación de hundir sus manos entre los ensortijados cabellos, de pasarlas por ese entrecejo, cerrado, de tocar con las yemas de los dedos los párpados sensibles y ojerosos y las pestañas estremecidas, de correrles hasta la boca y los dientes húmedos, por sobre aquella tez aterciopelada como un fruto en sazón. Y el cuello estaba allí, tan fácil de aprisionar, de estrechar y de estrangular. "Solamente a los puros les es

---

[271] Melius illi erat natus non fuisset: texto de un himno de Tomás Luis de Victoria, "Unus ex discipulis". La referencia aquí es al beso de Judas el Iscariote, pero es de notar la importancia del beso entre hombres en la novela.

[272] Notables referencias a instrumentos musicales en esta frase: las castañuelas (crótalos o mitracas) y el sonido de la guitarra mal templada (zangarreos).

permitido matar"; ¿quién había expresado esta idea? Él sentía contra su muslo, a través de la sotana, el calor, la pulsación de las arterias de la sien y de la garganta. Y le pareció que un pajarillo o un animalito infinitamente tibio como un gato se le había abandonado, todo él palpitante como un corazón. Entonces él también se repitió, mentalmente, que pasara de él, si posible sin beberla, esa copa también presentada por un ángel.

Uno y otro podían creerse dormidos. Pero era tan difícil que cada cual conociera los sueños del amigo, como que dijese cada uno al amigo sus sueños. De todos modos había pasado la hora de callar, y suavemente Deusto hizo resbalar la cabeza reclinada sobre su regazo, y pronunció el "¡levántate y vamos!".

—¿Has cantado esta tarde? —le preguntó.

Ahora le tenía en pie delante de él y le veía, como quien se despereza, llevarse a la frente las manos.

—No; pero ¿va a durar esto siempre?

El vasco no pudo contener una exclamación amarga.

—¿Siempre...?

Pedro Miguel se había vuelto súbitamente, y trataba de distinguirle en la incertidumbre de la sacristía. Y tanto se acercaron, que sus ojos concluyeron por encontrarse en una mirada intensa, tan prolongada, que todas las otras facciones parecieron irse descomponiendo, como en la desintegración suprema, para no quedar, al fin, sino los ojos, menos aún: la mirada de los ojos preñada del secreto imposible de su alma.

—Ya no tiene usted, pues, fe en mí, y teme que vuelva a irme.

Deusto esbozó un tímido ademán de protesta.

—¡No es eso! He vivido mucho en cortas semanas. Yo también, Pedro Miguel, yo también creo haber dejado de ser el niño retardado que era. Y ahora no confío en nada ni en nadie. He comprendido, más bien, que no hay ni qué temer ... ni qué esperar.

El gitano experimentó un infinito desaliento, algo que no hubiese creído pudiera sobrecogerle a tal punto. Pero toda su naturaleza montaraz se sublevó contra esa mortal impresión.

—Y, sin embargo, ¡Dios sabe si usted se engaña! De oído, por una sola vez, a lo que no puede menos de decirle su corazón, y si no somos felices, felices como nunca lo hemos sido, como nadie lo ha sido nunca antes de nosotros, venga entonces la muerte, y la duda peor que la muerte.

—No hay sino la oración.

—No hay sino ... —repitió la voz del joven, como un eco. Pero el cura quedó indeciso; no pudiendo precisar lo que había oído, tampoco sabía si era en su oreja o en boca del otro que se había deformado la última palabra.

—Vamos —dijo temblorosamente.

Sus miradas no se habían separado, sin embargo, y parecían encadenadas por algo más fuerte que su voluntad. Entonces comprendieron los ojos negros y los ojos verdes, que nunca se habían mirado hasta entonces. Y era delicioso y a la par terrible. Quien haya mirado una sola vez así en la sombra, no debiera volver a ver la luz.

—Vamos …

Pedro Miguel tuvo miedo, porque el sacerdote parecía titubear. Pero cuando quiso sostenerle, lo rechazó con increíble violencia.[273]

—¡Basta! ¡Vamos! —gritó.

—Vamos, pues —replicó roncamente Pedro Miguel.

Y antes de transponer el umbral y de pasar al templo:

—Pero no lo olvides, ¿eh? —amenazó el gitano—. ¡Aquí a la vista del sagrario! Has ido contra tu sentimiento y contra el mío. ¡Dios te perdone por ambos!

Estaba desconocido. Le hablaba de igual a igual a su antiguo protector, al maestro de su infancia; tuteaba a su señor, como si los dos fuesen iguales ante el ojo único que, desde lo invisible, debía de contemplarles. El cura, que iba a salir, se detuvo a su vez.

—Tú sabes —dijo con voz ardiente y repelida— que yo no lo sabía. Pero ahora comprendo más que nunca que lo nuestro no tiene solución en esta tierra. No, no soy yo. No, no eres tú, por piedad, no nos entreacusemos mutuamente. Nadie hasta ahora había encarado este problema. Tú no puedes ser ya lo que has sido para mí; yo no quiero, porque tampoco puedo ser otra cosa que lo que hasta ahora. Ni podemos seguir juntos, ni podremos separarnos. Hemos perdido a Dios, y este es nuestro castigo.

—Dios manda lo que manda, lo malo como lo bueno, caso que haya bueno y malo.

—Si, pero Él, que es el acicate, Él es a la vez el freno. El freno y el acicate.

Pedro Miguel alzó los ojos y miró con cólera las dobles cortinas que echaba la noche sobre los altares encortinados de duelo.

—¡Esto es lo que nos ha perdido! —dijo mostrándoles el puño—. Esta atmósfera en que la embriaguez del incienso se disimula con el aroma cándido de las azucenas. Y yo, que hubiera podido amar como todos, ya no podré distinguir entre lo acre y lo dulce, lo no prohibido y lo prohibido.

Deusto le oía, y lo que es más, le parecía que tenía razón, que la continencia, aquella que él había puesto tan alto durante toda su vida, era la más insidiosa de las formas que podía tomar la lujuria: ¡Luzbel hecho casto, con la castidad de la espada y del hielo, quemaba como éste y mataba como aquélla!

—Hay que encontrar a Dios, hay que volver a encontrarse en la oración —murmuró, desatentado.

E intimó para sí mismo:

—¡*Jagon nagizu nere aingeru*! (1).[274]

Cayó sobre los brazos, ante el altar velado, apoyando la cara contra el suelo, con las manos abiertas y que, al contacto de las losas, refrescaban la fiebre de sus palmas. Y a Pedro Miguel, que acababa de encender un farol, tocóle pronunciar a su turno el "levanta y vamos".

---

[273] De nuevo, inconsistencia con el uso del leísmo peninsular, aquí usado con "sostener" pero no con "rechazar".

[274] En Vascuence: "¡Ángel de mi Guarda!" [nota del autor]. [Nota de Joseba Gabilondo: Literalmente: "Guárdame / protégeme ángel mío". Es forma dialectal vizcaína. Hoy en día en euskara estandarizado sería: "Jagon nazazu nire aingerua!"]

—¡Ah! ¡Vienes ya a buscarme! —dijo Deusto con una sonrisa de extravío, más cruel que todas sus crispaciones—; ¿se acerca, pues, la hora?

No dio una mirada al ámbito poblado de tinieblas, donde no parecía deber volver a brillar nunca más la luz. Y salieron.

La casa dormía. Habían cruzado el patio, con su surtidor cayendo entre la lluvia, el comedorcito, que el tictac del horologio animaba y que el timbre de medianoche pareció llenar como una caja de resonancia. Estaba en el pasillo, al cual se abrían, una junta a otra, las puertas de sus alcobas. Parecían no tener ya nada que decirse. Se les figuraba que ya no tendrían que decirse nada en lo que les quedara de vida. Pero sentían al propio tiempo que, al incomunicarse en sus celdas respectivas, iban a separarse para siempre. Nunca, nunca jamás, volverían a cobrar fuerzas para ponerse en contacto íntimo como aquella noche. Era una historia concluida o truncada, concluida de todos modos.

—¡Buenas noches y buenos sueños! —dijo el joven, meciendo indolentemente la linterna.

—Más exacto sería desearme buen sueño y buena noche —corrigió Íñigo Deusto.

Se había recobrado enteramente. Volvía a ser el sacerdote de puro abolengo vascuence que era, ante el gitanillo de sangre adulterada y equivoca. Pedro Miguel también lo comprendió así.

—Como usted quiera. Buena noche, pues, y buen sueño, si así lo prefiere usted.

Deusto, tenía la mano en la aldabilla. El joven le detuvo todavía.

—Como recuerdo —dijo—, ¡oh, nada más que como recuerdo de lo que no ha sido!, ¿no querría usted besarme?

Había levantado la linterna y examinaba curiosamente el rostro súbitamente congelado, como gozándose en su contracción.

—¿No responde usted … señor?

Pero con los ojos muy abiertos sin mirar ante sí, el cura hizo que no apenas. Pedro Miguel bajó a su vez los suyos.

—Usted, maestro, ¿no me consiente que yo le bese?

Inmóvil esta vez, Íñigo Deusto parecía no haber oído. Entonces el discípulo se inclinó sobre él, y lentamente le besó en la mejilla, tal como la tarde en que iba a partir hacia el taller de Sem y hacia todo esto que le había venido reservando el porvenir.

—¡Buenas noches! —repitió, volviéndole las espaldas.

Se había llevado la linterna. Deusto volvía a encontrarse en la obscuridad. Abrió su habitación, y cerrándola no hizo, sin embargo, luz, y se quedó así, delante de la puerta hermética, frotándose maquinalmente la mejilla, como para borrar no sé qué mancha indeleble. ¡La lluvia, ese su golpeteo que está en todas partes y en ninguna y que en Euskalduna llaman imitativamente *zurriascada*! Del cuarto contiguo tampoco venía rumor alguno. Pero Pedro Miguel no debía de haberse encerrado, pues la luz de la linterna desbordaba sobre el pasillo. Un momento Deusto, como alucinado, tuvo la idea de mirar por la cerradura. Y sólo volvió en sí al temor del ojo verde que podía encontrarse con el ojo negro.

Pasó la mano por la puerta, como si no fuese material e inerte, sino simbólica y que pudiera animarse y desvanecerse como las barreras de las pesadillas. Su pensamiento se filtraba a través, con el aliento retenido por la espera de algo que *no podía* acontecer. Un momento deseó abrir el pestillo y otro pensó echar el cerrojo. Le parecía que, de cada lado de aquel cancel de madera, los dos se espiaban, se aguardaban, quién sabe, y llevándose entrambas manos al pecho, él mismo trató de sofocar los latidos de su corazón, porque se le figuraba percibir los del otro.

Y creía ver sus ojos, teniendo que cerrar los suyos, porque, por la primera vez le representaba su cerebro, en la obscuridad, el recuerdo carnal de sus pies desnudos sobre las baldosas, una mañana que regaba las flores; el recuerdo del tiempo en que todavía llevaba pantalón corto y cuando Sem Rubí hablaba, burla burlando, de *los rodilleros*, como suele decirse *las tobilleras*. Decididamente las mortificaciones de esos días de penitencia y de prueba habían debilitado su pobre razón, y ya no retenía siquiera el control de sus pensamientos.

¡La lluvia! ¡La lluvia! La casa, la ciudad, tal vez el universo, dormían entre la sombra duplicada de la negrura y de la lluvia. Los espíritus de esas tres noches únicas retozaban en libertad y parecían enhechizar aquella prima hora de un Jueves Santo. Eran ellos los que, cautelosamente, infiltraban sus perfidias en los corazones débiles. Eran ellos también los que insinuaban con su encantación de sirena, que nuestra debilidad es nuestra fuerza, que vencerse a sí mismo es derrotarse a uno mismo, y que donde se halla nuestro amor, allí y no en otra parte, se halla nuestra vida y la razón de ser de la vida.

Deusto volvió a tender el oído, el alma misma en suspenso. Sí: seguramente estaba junto a él, y sólo la puerta los separaba.

Noli me tangere![275] Pero ninguno de los dos la tocó, porque se había convertido en una cosa infranqueable, inviolable e inexpugnable, en algo tan enorme y sagrado como el destino.

¡La lluvia! ¡La lluvia!

---

[275] Juan 20:17. De nuevo (como en el capítulo 7 de "Albus"), la frase "No me toques".

VI

Deusto no había conciliado el sueño, oyendo durante su insomnio aquella lluvia, que duró pertinaz toda la noche, y que siempre sorprende, como impropia en Sevilla. Las primeras luces anunciaron la mañana ceniciena, aún más triste por sobre los edificios blancos, del último día de ese invierno.[276] El lodo corría en arroyo por las callejuelas, y las hojas de la palma de San Juan aparecían con sus abanicos desgarrados por el viento y por el agua.

El sacerdote se sentía como aturdido, tal vez por la tormenta, tal vez por el ayuno y la vigilia, y ya sus ministros notaron esa mañana, durante la consumación, que se olvidaba en sus actos, permaneciendo inclinado sobre la sagrada forma, como en un misterioso coloquio, o prosternándose con el incensario en las manos, después, en el lúgubre servicio en que se encierra el Sacramento en la urna, durante tanto tiempo, que hubo como un malestar entre los fieles. En los ritos que se siguen, para la denudación de los altares, tampoco parecía seguro de sus movimientos ni de sus gestos, y tartamudeó confusamente ese salmo XXI,[277] a través del cual venía a expresarse, sin embargo, todo su estado de espíritu.

"¡Oh, Dios! ¡Oh, Dios mío, vuelve a mí tus ojos! ¿Por qué me has desamparado? Los gritos de mis culpas alejan de mí la salud".

"Clamaré, Dios mío, durante el día, y no me oirás; clamaré de noche y por culpa mía".

"Tú, empero, habitas en la santa morada, ¡oh, gloria de Israel!"

"En Ti esperaron nuestros padres: esperaron en Ti, y Tú los libraste".

"A Ti clamaron, y los pusiste en salvo; confiaron en Ti, y no tuvieron por qué avergonzarse".

"Bien que soy un gusano y no un hombre, el oprobio de los hombres y el desecho de la plebe".

"Todos los que me miran se mofan de mí; hacían gestos con los labios y movían la cabeza".

---

[276] El jueves 20 de marzo de 1913, como se aclarará poco adelante.

[277] D'Halmar dice Salmo XXI, aunque en la mayor parte de las Biblias este es Salmo XXII. Cita de la traducción de Torres Amat, pero con modificaciones: Torres Amat dice, por ejemplo, "desde que yo estaba colgado de los pechos de mi madre", no "desde que me amamantaba mi madre".

"Esperó en el Señor, decían, que le libre, que le salve, ya que tanto le ama",

"Sin embargo, Tú eres quien me sacaste del seno materno; Tú eres mi esperanza, desde que me amamantaba mi madre; cuando nací me recibiste".

"Desde el vientre de mi madre Tú eres mi Dios; no te apartes de mí".[278]

"Porque la tribulación está cerca; y no hay nadie que me socorra".[279]

El diácono y el subdiácono se miraron sorprendidos, y cuchichearon entre sí los monagos,[280] porque Deusto se había detenido, como ausente otra vez de donde estaba y de lo que hacía. Pero él mismo se dio cuenta, y recogiendo en un esfuerzo sus ánimos, prosiguió con voz cada vez más quebrantada:

"Me he disuelto como sal en el agua y todos mis huesos se han descoyuntado".

"Mi corazón está como cera, derritiéndose dentro de mis entrañas".

"Se ha secado como un tiesto mi vigor; mi lengua se ha pegado al paladar y me van conduciendo al polvo del sepulcro".[281]

No atinó a proseguir y cerró el misal, cual si la salmodia no estuviese aún en su promedio. Todo le pesaba: la cabeza vacía, la vestidura, que le entrababa[282] los pasos, la casulla rígida, morada y oro, como para su propio duelo, la bóveda misma de la iglesia, y más arriba aquel cielo sordo y como ciego. Podía apenas con sus vestidos, cuanto más con el peso de su corazón. Y sentía realmente que se le fundía en las entrañas, como en el salmo de David, como si todo su pecho no fuese sino una quemadura en llaga viva.

Afuera, en la plazoleta de San Juan, y en substitución de las campanas y la diaria jarana de la academia de baile, resonaban de hora en hora, como otras castañetas más desmantibuladas convocando alguna danza macabra, las carracas de Semana Santa.

Para tomar un refrigerio, se sentó apenas a la mesa; frente a él, Pedro Miguel volvió a ver ese ademán casi esotérico de partir el pan, y volvió a recibirlo de manos suyas. Por un movimiento espontáneo, trocaron simultáneamente sus copas a medio vaciar, como si en su fondo cada cual pudiera sorprender los secretos del otro. Pero mirar al fondo de la copa de alguien es como mirar a alguien en los ojos. Y ninguno supo ver sino su propia imagen reflejada en las heces del vino.

No se figuraron tampoco, al *Deo gratias* de aquella frugal comida, que era la última que debían hacer juntos, hasta que, pasada la Cuaresma de esta vida y el Domingo de Resurrección de la otra, participasen de ese banquete al cual serán invitados los pobres de espíritu y los limpios de corazón; los humildes, los mansos y los misericordiosos; cuantos tuvieron hambre y sed de justicia y cuantos, por causa de ella, padecieron

---

[278] En este verso sigue la traducción de Reina Valera, no la de Torres Amat.

[279] En este verso modifica las traducciones de Reina Valera y de Torres Amat. Torres Amat dice: "No te apartes de mí; porque se acerca la tribulación, y no hay nadie que me socorra", mientras Reina Valera dice: "No te alejes de mí, porque la angustia está cerca; Porque no hay quien ayude".

[280] Monaguillos.

[281] Una mezcla de Torres Amat con Reina Valera 1909. Torres Amat dice: "Todo mi verdor se ha secado, como un vaso de barro cocido; mi lengua se ha pegado al paladar; y me vas conduciendo al polvo del sepulcro". Reina Valera 1909 dice: "Como un tiesto se secó mi vigor, Y mi lengua se pegó a mi paladar, Y me has puesto en el polvo de la muerte".

[282] Entrabar: estorbar (aunque la RAE aclara que es un término usado en América del Sur, de Venezuela a Chile).

persecuciones; en suma: todos los justos, porque ellos serán llamados hijos de Dios y de ellos será el reino de los cielos, y ellos, y sólo ellos, verán a Dios.

Entonces Deusto se recogió unos momentos antes de proceder a esa ceremonia del lavatorio de pies, fijada por la liturgia, para las horas últimas del Jueves Santo. Y era bien el jueves 20 de marzo de 1913,[283] la postrera tarde del invierno y la víspera de ese viernes, dos veces santo aquel año, en que moriría el Mesías y resucitaría la Primavera.

Comenzó, pues, por entonar el Evangelio del día: *Ante diem festum Paschae*,[284] y después, quitándose la capa pluvial y conservando el cendal fue a prosternarse ante el banco donde doce pobres de la parroquia iban a representar los Apóstoles, como él, aunque indigno, personificaría al Maestro. Y mientras, asistido del diácono, que llevaba la jofaina, y del subdiácono, que tenía la toalla, se arrastraba complaciéndose en su humillación, exagerando y prolongando su actitud, el coro cantaba: "Un nuevo mandato os doy, y es que os améis unos a otros como yo os he amado". Y su voz debilitada repetía: *Sicut dilexi vos.*[285]

Y el coro:

"—Después que el Señor se levantó de la cena echó agua en un lebrillo y empezó a lavar los pies de sus discípulos: Este ejemplo os dejo."

Y el sacerdote:

—*Hoc exemplum reliquit vobis.*

Y el coro:

"—Y le dijo Pedro: ¡Señor! ¿Tú lavarme a mí los pies? Respondióle Jesús y le dijo: Si yo no te lavare los pies no tendrás parte conmigo."

Y el sacerdote:

—*Si non lavero tibi pedes, non habebis partem mecum.*[286]

Y el coro:

"Si yo, que soy el Señor y el Maestro, os he lavado los pies, cuánto más os lo debéis."

Y el sacerdote:

---

[283] Es la única ocasión en la novela en que se precisa el año de parte de la acción, en este caso siete años antes de su escritura en Sevilla y en Madrid, y poco antes del comienzo de la Primera Guerra Mundial, donde estuvo d'Halmar de corresponsal.

[284] Juan 13:1: "Ante diem festum paschae sciens Jesus quia venit hora eius ut transeat ex hoc mundo ad Patrem: cum dilexisset suos qui erant in mundo, in finem dilexit eos" (Torres Amat: "Víspera del día solemne de la Pascua, sabiendo Jesús que era llegada la hora de su tránsito de este mundo al Padre, como hubiese amado a los suyos que vivían en el mundo, los amó hasta el fin").

[285] *Hoc exemplum reliquit vobis* Cantus: eis, no vobis. Vulgata: Juan 13:15: Exemplum enim dedi vobis. Cantum: "Postquam surrexit Dominus a cena, misit aquam in pelvim, coepit lavare pedes discipulorum; hoc exemplum reliquit eis". Aquí claramente D'Halmar está siguiendo una versión de la liturgia, no de la Vulgata. Nótese el cambio de "vobis" a "eis" (y de "reliqui" a "reliquit"), por el cambio de persona gramatical.

[286] Cantus: "Domine tu mihi lavas pedes respondit Jesus et dixit ei et si non lavero tibi pedes non habebis partem mecum Domine non tantum pedes sed et manus et caput basado", en Vulgata Juan 13:6-8. "Domine tu mihi lavas pedes respondit Jesus et dixit ei: quod ego facio tu nescis modo, scies autem postea. Dixit ei Petrus: non lavabis mihi pedes in aeternum. Respondit ei Jesus: Si non lavero te non habebis partem mecum".

—*Quanto magis debetis alter alterius.*[287]

Y el coro:

"—Permanezcan con vosotros estas tres virtudes: fe, esperanza y caridad; pero la caridad es la más excelente de todas."

Y el sacerdote:

—*Major autem horum est charitas.*[288]

Y el coro:

"—Cuando nos congregamos en un solo cuerpo guardémonos de dividirnos en espíritu."

Y el sacerdote:

—*Ne nos mente dividamus caveamus.*[289]

Se quedó postrado así, frente al último de los doce mendigos, un anciano que parecía mirarle con compasión, paternalmente. ¡Los pies, los blancos pies del discípulo amado! Irguiéndose con trabajo y volviendo a endosar la capa de coro, pronunció, vuelto hacia el altar invisible, las últimas palabras de aquel acto: "No desprecies la obra de tus manos, y así sea". El coro, ya como lejano, repitió en un murmullo: *Opera manuum tuarum ne despicias.*[290] *Amen.*

Volvió a su habitación para descansar otro momento antes de las "Tinieblas". No conseguía quedarse sino traspuesto, a pesar de su fatiga. Y, sin embargo, cuando vinieron a avisarle, debió de no oír, pues se transcurrió una larga media hora, hasta que intrigados por su tardanza redoblaron a su puerta. Se levantó sobresaltado, como ahora cada vez que le llamaban, cual si se le esperase algo, y, un tanto, sonámbulo como el día anterior, oyó las voces de *los Ciegos* que seguían relatando la Divina Tragedia; como desde el fondo de una parálisis creciente, fue viendo extinguirse una a una las luces del Tenebrario, y ya muy tarde, pues por su causa se había dado comienzo con retraso al oficio, distinguió a Mónica, que le hacía señas desde la puerta de la sacristía.

—Ve a ver lo que quiere el ama, Cosme—dijo a uno de sus acólitos.

Pero el monaguillo volvió diciendo que el ama necesitaba hablarle en persona.

Se proseguían los Salmos y las Lecciones. Desde aquel umbral donde apenas, la noche antes, Pedro Miguel mostrara el puño a la iglesia, la mujer volvió a hacer un discreto, pero ya impaciente signo. Entonces Íñigo Deusto comprendió, sin saber cómo, que lo

---

[287] Juan 13:14: Aquí parece estar siguiendo la versión de un canto gregoriano que incluye las palabras "quanto magis" (comparación). La Vulgata dice: "Si ergo ego lavi pedes vestros, Dominus et magister, et vos debetis alter alterius lavare pedes" (Pues si yo, que soy el Maestro y el Señor, os he lavado los pies, debéis también vosotros lavaros los pies uno al otro).

[288] 1 Corintios 13:3: "Nunc autem manent fides, spes, caritas, tria hæc: major autem horum est charitas".

[289] Cuarta estrofa del himno "Ubi caritas", de Paolino d'Aquileia (c.726-c.802): "Simul ergo cum in unum congregamur Ne nos mente dividamus, caveamus Cessent iurgia maligna, cessent lites Et in medium sit nostri Christus Deus. Ubi caritas …".

[290] Salmo 137:8: "Dominus retribuet pro me. Domine, misericordia tua in saeculum; opera manuum tuarum ne despicias" (Vulgata Clementina).

que temía, aquello que no sabía él mismo, había llegado; que, en una palabra, "había sonado la hora", y se levantó y le salió adelante.

—Pedrucho ha vuelto a desaparecer, llevándose esta vez sus avíos.

Deusto no contestó, según su costumbre, como si no hubiese oído. Como un autómata volvió sobre sus pasos a ocupar su sitial y a entonar, entre coro y coro, las antífonas. Le tardaba, sin embargo, ver apagarse esos, al parecer, incontables cirios, dar fin a esas interminables salmodias. Pero mientras tanto, no pensaba. Y ni sabía qué pesquisas haría, cuando pudiera ya salir, ni donde podría dirigirlas.

Cuando salió, en los alrededores del templo que fue mezquita, repercutían todavía las mitracas árabes. ¡A la ronda! ¡A la ronda!, parecían convocar, como la agorera gitana, esas castañuelas de desgracias. Y era la ronda, la fúnebre zarabanda a la cual se entregarían, durante esas tres noches como sin aurora, todos los espíritus del infierno, aprovechándose de que Nuestro Señor Cristo quedaba allí encarcelado en su momento, para no resucitar sino al tercio día.

Sevilla, con sus aceras húmedas por la reciente lluvia, bajo su encapotado cielo, le aparecía transformada a Deusto. La veía a esas horas por la tercera vez. La primera, la noche del circo; la segunda, la del "Novedades". Pero esta noche, el teatro era la ciudad misma. Todo estaba cerrado, y en las calles la población entera, doblada, triplicada tal vez por la afluencia de forasteros, andaluces, españoles, o de otros países, venidos para asistir a esta fiesta única en el orbe católico, que se llama su Semana Santa, esperaba el canto del gallo, al cual Pedro había negado a su Maestro.

Y el telón del alba iba a levantarse sobre la parte culminante de esos misterios populares: la procesión del Santo Sepulcro, en que se congregaban cuantas Órdenes religiosas y terceras existen en la tierra de María Santísima. Nadie dejaría de llevar vela en ese entierro, y los que se habían acostado estaban ya en pie para no perder pisada de un espectáculo que se renueva cada año desde siempre, y que siempre parece nuevo.

¿Por dónde? ¿Hacia dónde? Deshizo camino y penetró en el corral de San Juan de la Palma: la enorme vidriera del taller estaba obscura. Entonces, por Viriato y Amparo, volvió al Pozo Santo, y por Jerónimo Hernández y Regina, a la Encarnación. Rehacía exactamente, etapa por etapa, aunque a la inversa, el itinerario del primer día. Pero no pudiendo cortar como entonces por la cerrada plaza de Abastos, rodeóla para salir a Puente Pellón, a Córdoba, y a la plaza del Salvador, donde daba comienzo la calle Giraldo Alcázar.

Sin embargo, ni un solo instante había reflexionado en lo que haría. Instintivamente buscaba un refugio, alguien que no le fuese hostil en esa ciudad extranjera para él después de tres años. Y fuera de su amigo Sem Rubí, Rocío era la única persona que acudía a su imaginación.

Así, por la genuina y tortuosa calle que llevaba el nombre del poeta más tortuoso y más castizo nacido bajo el sol de España, siguió hasta el número seis. Allí habitaba. El patio, tras de sus verjas y entre sus frondas, dejaba vislumbrar la blancura de su fuente, sus ánforas y sus estatuas. Un rumor sofocado de agua en la sombra era como un cuchicheo incesante o un interminable chasquido de besos. El aroma de los árboles, ya en flor, mareaba. Y el cura vasco pensó en todos los jardines sellados de esa ciudad-serrallo, delante de los cuales él no habría hecho sino pasar . . .

Tiró de una cadena, y una esquila fue a repercutir en las interioridades del palacete. Un perro había ladrado. Después una sombra miro a través de las rejas y una especie de dragomán[291] le dio acceso al interior.

—¿La señora? —dijo Deusto, midiendo súbitamente toda la inutilidad y el riesgo del recurso al cual apelaba.

El criado árabe se esquivó para franquearle el paso, y siguiéndole por la sinuosidad y las anfractuosidades de los arriates,[292] le dejó en el recibimiento, alto como una mezquita, con una luz tenue y difusa, cuya procedencia no se explicaba. Un momento después Rocío venía hacia él desde las habitaciones interiores.

—Por el momento no hay nadie sino yo —dijo—; pero creo que usted ha preguntado precisamente por mí. ¿En qué puedo servirle? ¡Y bienvenido, señor cura, bajo nuestro techo!

El papel de esa mujer debía ser el de entrar en su vida en los momentos de mayor angustia, ser su paño de lágrimas. Ella, intuitivamente, lo había sentido así, y le sonreía con esa suave sonrisa femenina, de la cual se había visto privado desde los días lejanos de su madre y de su hermana.

A pesar de todo, Deusto no hallaba palabras. Por fin, torpemente y sin preámbulos:

—He vuelto a perderle, señora —dijo con la voz blanca.

Ella lo vio ya tal como estaba, en su último paso, sin fuerzas para ir más lejos, y presintió tocaba a su fin aquella inverosímil novela de un corazón que no era ni de padre ni de amante, y en el cual, sin embargo, parecían reunirse todos los afectos, como un fruto de selección y de expiación.

—Razonemos —dijo Rocío, con su pequeño dedo en alto como una consejera indulgente—: "Ella" no está ya en Sevilla, y "él" no ha vuelto por esta casa. Giraldo, Sem y mi marido deben de andar juntos a estas horas, y los espero de un momento a otro para cenar ... Pero, ahora que caigo, ¿no se ha llevado sus ropas y sus joyas? Entonces corra, señor cura, antes que salga el rápido de Madrid. Son las siete y media y falta lo justo para que usted lo alcance a tiempo en la estación.

—Gracias —dijo Deusto.

Y sin siquiera estrechar su mano, volvió a encontrarse en la terraza y en la calle. Ignoraba el rumbo exacto para ir hacia esa estación por donde él mismo había llegado. Todo le pareció evidente: Pedro Miguel iba a reunirse con *la Neva*. Y de antemano, él calculó también la esterilidad de esta tentativa suprema por separarle de lo que debía ser su destino.

---

[291] Dragomán o trujamán: intérprete de lenguas, del árabe *turgumán*.

[292] Del hispano-árabe *arriyáḍ*, área estrecha dispuesta para tener plantas junto a las paredes de los patios y los jardines.

—Me ha mentido, me ha mentido siempre —pensaba—. No ha vuelto sino para adormecer mi desconfianza y preparar su fuga definitiva. Pero, con todo, ¿por qué ha vuelto? temía tal vez no haberme hecho sufrir bastante?

Después recordaba lampos de su decisivo coloquio de la víspera. Frases enigmáticas, que ahora descifraba. Y, sin embargo, y a pesar de todo, persistía un incomprensible equívoco, porque también recordaba la expresión incomprensible de sus ojos durante la eternidad que debió de durar aquella mirada.

Estaba frente a la Catedral, del lado de la Puerta del Perdón, y a su izquierda debía de erguirse en el cielo sin estrellas la torre a la cual no había subido sino una vez, la torre de la soledad, del vértigo y de la muerte. Tomó indistintamente hacia la derecha, y ya no se apresuraba, porque le poseía otra vez la convicción de aquel "demasiado tarde, pero siempre a tiempo", en que había venido a sintetizarse su fatalismo.

—¡La suerte, señor cura, la suerte! El último decimito que vendo antes de ir a cargar mi cruz en la procesión. ¡Tómemelo, que está santificado!

Volvía a ver al *Nazareno* del primer día, como si esto hubiese querido reconstruirse igual. Y, tanto para librarse del asedio como para preguntarle su camino al revendedor, compró aquel billete de lotería, que era, según él, la suerte y estaba santificado.

Y ya orientado, veía salirle al paso los vendedores de aleluyas multicolores y de imágenes del "Cachorro"[293] y de vistas de la Giralda; los pordioseros que cantaban saetas y los encapuchados mendicantes de las Cofradías: "¡Para el Santo Entierro de Cristo y la Soledad de la Virgen!" Había tomado, de la plaza Nueva, por la calle de Zaragoza, y no tardó en avistar el morisco edificio de la estación llamada de Córdoba, cuya esfera iluminada marcaba las ocho y minutos.

Pero tuvo que detenerse todavía antes de penetrar al recinto, pues sacaban unas parihuelas[294] con algún herido. A la vista de aquel desconocido, atropellado por una máquina, dijérase que la sombra de una decisión había cruzado por su doble fondo y había echado ancla muy al fondo, nuestro peligroso reino subconsciente,[295] mientras, en la superficie, Deusto creía pensar en aquella pantomima del circo que tanto impresionara al *Aceitunita*: ¡la titiritaina[296] para los funerales de un fantoche en un funambulesco duelo!

En el andén le fue fácil darse cuenta de la vía que ocupaba el expreso, y recorriendo de un vistazo aquellos cuantos coches de lujo, deslumbradoramente iluminados, no tardó en convencerse de que entre los viajeros no se hallaba aquel que buscaba. Un silbido, un pitazo y el convoy hendió el túnel de la cerrada noche.

Pero otro tren llegaba, de la parte contraria: el mixto de Huelva, esperado por aquellas gentes modestas que obstruían los andenes, para trasladarse a la Corte; traía

---

[293] El Divino Crucificado, según aclara Mónica en el cuarto capítulo de "Albus".
[294] Camillas.
[295] Signo de que d'Halmar había leído a Freud para la época en que escribió esta novela.
[296] Ruido confuso.

media hora de atraso, y no debía partir sino en media más. Y entonces tuvo la corazonada de que Pedro Miguel no tardaría en aparecer.

Cientos de personas, cargadas con los más inverosímiles bagajes, abandonaba los vagones de primera y segunda y sobre todo los de tercera, y otras tomaban por asalto las plazas todavía calientes y nuevamente abrumaban las redecillas bajo el peso de sus equipos. Deusto no dejaba pasar ninguna sin escrutarla. Y de pronto se felicitó porque, todavía haciendo comprobar su billete, aparecía en la entrada Pedro Miguel.

Le dejó avanzar; le dejó escoger su rincón cerca de la portezuela, en una segunda clase; le vio señalarlo con su capa, mientras su maleta, la misma que Deusto trajera de Algorta, desbordaba por sobre su cabeza; le vio liar un pitillo y prepararse a encenderlo. Y sólo entonces, con el pie en el estribo, llamóle golpeando el cristal con los nudillos ...

VII

...Y sólo entonces, con el pie en el estribo, llamóle golpeando el cristal con los nudillos. Al punto se volvió el joven, y, tirando el cigarro, se encontró de un salto junto a su amigo.

—Baja tu equipaje y volvámonos a casa —dispuso dulcemente Deusto.

Pedro Miguel, como la noche del "Novedades", hizo un movimiento para obedecerle, tanto había sido terminante la frase con que el cura pretendía zanjarlo todo; pero no tardó en recuperarse y movió la cabeza negativamente.

—No puede ser; esta vez ya no puede ser.

—¿Te vuelves entonces con ella?

—¡Con ella! —exclamó en un sincero arranque el gitano—. ¡Ah! No, ¡por vida mía!, que para eso preferiría mendigar a orillas del Guadalquivir. No, no; me voy a tentar fortuna a la capital, como un hombre, y me voy sobre todo porque "lo nuestro", como me lo hizo usted sentir anoche, no podía ya prolongarse.

—¿Por qué?

—Anoche lo entendía mejor usted. Usted sabe, como yo, que hemos tocado el límite.

—¿De qué?

Pedro Miguel logró serenarse en fuerza de impaciencia y le consideró casi con calma. Era el mismo que siempre había visto doblado como un signo de interrogación ante las cosas. Y, palabra por palabra, con mucha mesura, el joven trató entonces de inculcarle su experiencia al hombre.

—Somos el hazmerreír y la comidilla de este vecindario grande que viene a ser Sevilla; y no es eso todo: es que nuestra vida común es ya inconfesable; es que yo mismo no podría volver a dar la cara públicamente; es que, por usted, sobre todo, debo desaparecer y hacerme olvidar.

—¿Y en qué puede importarnos lo que murmuren, mientras nosotros tengamos la conciencia tranquila? —dijo con arrogancia el vasco—. Al irte les procuras una razón más y hasta les das razón a secas.

Callaron, porque Pedro Miguel mismo comprendía ahora que todas esas causas de su viaje no eran sino aparentes y que otras predominaban mucho más insalvables. En el compartimiento vecino un señor, acodado en la ventanilla, conversaba con el grupo que había venido a despedirle.

—Sí decía su voz—; cinco años que no los veo y ya deben de tener el uno diecinueve, y veinte el otro.

Sin querer, Deusto y Pedro Miguel se interesaban por aquel diálogo, casi olvidados del suyo. La voz segura contando "que concluía la carrera de los dos jóvenes, acababan de dejar Londres y se reunirán con su padre en la frontera".

—El domingo estaremos juntos en Irún,[297] y me parece mentira cuando hace cinco años, en esta misma estación, veíamos tan distante este día.

Era, sí, un jefe de familia, viudo probablemente, que tenía la alegría de ver volver a sus hijos ya hechos hombres. Era la normalidad de la vida, junto a Deusto y su vida malograda.

—Volvamos —repitió confiadamente el vasco, como si aquella historia ajena sorprendida en el barullo hubiese podido aproximarles de nuevo. Pedro Miguel se retorció las manos.

—¡Qué va a hacer usted sin mí y qué voy a hacer yo sin usted? ¡Ay! Si usted quisiera, si realmente usted me quisiera, todo sería tan sencillo entonces.

—¿Cómo?

—Trocando los papeles y siendo usted el que se fuese ahora en el tren conmigo, rumbo a ese Madrid, donde yo le respondo, no echaríamos de menos nada.

Era absurdo hasta el desatino, y, sin embargo, Deusto, tan tardío, no habría podido jurar que era la primera vez que se detenía ante semejante idea. ¿Cuándo, ¡Dios mío!, podía haber pensado en ello? Y mientras tanto, *el Aceitunita*, echándole al cuello el brazo, familiarmente, continuaba desarrollando aquel plan de una vida juntos y libre, lejos de toda traba. El sacerdote se pasó la mano por la frente.

—Desde nuestra escapada a Triana, ¿recuerda? —prosiguió el gitanillo—, y yo insistí tanto entonces, porque inconscientemente jugaba a esa carta todo el porvenir. "Si esta noche me acompaña al circo —me decía a mí mismo— es que te[298] seguirá por doquiera". Y usted fue, y ahora va a venir usted, y así saldrá cierto que nada podrá separarnos.

Los empujaron para escalar el mismo departamento. Pedro Miguel atrajo a su vez a Deusto hacia el estribo del coche.

—¡Vamos, trepe![299] ¿Cómo se iba a quedar solo, cómo iba a dejar irse solo y lejos a su niño, ni cómo permanecer aquí, donde todos dicen que somos. . . lo que no somos?

Deusto reculó de un paso. Esta vez no dijo "no comprendo", y, sin embargo, había palidecido espantosamente.

---

[297] Ciudad vasca en la frontera francesa.

[298] Nótese una interesante inconsistencia en el pronombre personal: Pedro Miguel pasa a hablar de sí mismo en primera persona ("me acompaña") a segunda ("te seguirá").

[299] Represión, reprimenda.

Con un ardiente reflejo en los ojos, una vibración en la voz, un estremecimiento en todo su ser, Pedro Miguel volvió a apoderarse de su diestra, y ajustándole al dedo su anillo, tal como en su sueño, se inclinó hasta rozar su oreja.

—Dime —afirmó más bien que interrogó—, ¿has sabido nunca como yo te quiero? Deusto le puso las dos manos en el pecho para rechazarle.

—Ahora lo sé, y, por piedad, no lo digas. ¡También he visto claro en mí!

—¿Y ...?

El vasco levantó simplemente los ojos, en un momento, con la misma expresión con que se habían absorbido el uno al otro, la víspera. Fue sólo un destello. Era su última mirada a la vida. Después sus párpados cayeron pesadamente bajo la presión de un índice invisible, e inclinándose todo él hasta tierra, con humildad y con amor, besó las manos del *Niño Jesús de la Palma*.

Éste tuvo un sobresalto casi de espanto, y también entornó los ojos. Cuando volvió a mirar, la alta figura del clérigo se perdía entre el gentío.

—¡*Amigote*! —gritó, con su voz como vuelta infantil—, me quedo; ¡pero vuelva, vuelve, *Amigote*!

El cura ya no podía oírle. Marchaba a lo largo y hacia la cabeza del convoy, cual si hubiese olvidado que Sevilla quedaba a sus espaldas, la Giralda del primer día, la parroquia de San Juan, de esta última noche, y entre ambas los tres años en que venía a resumirse la historia lamentable de su corazón.

Marchaba hacia el Norte, el Norte de donde viniera. El cielo había ido despejándose sobre su cabeza, y ahora el canto palpitante de las ranas en las charcas parecía la vibración de las estrellas. Iba hacia San Jerónimo, con el paso firme y tranquilo de quien tiene ante sí una jornada interminable y una noche no menos interminable para hacerla. Dejó atrás las últimas luces de la población; apareció, a la derecha del terraplén que seguía de la vía férrea, y más sombrío en la sombra, el primer huerto de olivos. Los albaricoques en flor, los melocotoneros, los almendros, mezclaban sus aromas al olor mismo de la húmeda tierra y del nocturno sideral. Tenía seca la garganta y sentía sed. Y el vasco evocaba los senderos de un verde de humus, de la Euskaria,[300] y le parecía que iba a oír el chirrido de los pequeños carros cargados de toneles de sidra y el zorcico[301] mecedor del boyero, apoyado en su makila[302] como en un bordón.

Ez da ez etzairik
jarrikó zatzunik.

Iñolaz aurreán
gaurkó egunéán.[303]

---

[300] Hoy sería Euzkal Herria, por el País Vasco.

[301] Ritmo de música popular vasca.

[302] Vasco por bastón.

[303] En vasco actual esto sería: "Ez da ez etsairik/ inolaz aurrean / jarriko zaizunik / gaurko egunean": "No hay enemigo / que se enfrente / a ti / hoy día". Es escritura sabiniana antigua en forma dialectal vizcaína y una palabra está mal transcrita: "gourko" debe ser "gaurko". [Nota de Joseba Gabilondo.]

Él mismo se puso a tararear la marcha religiosa y guerrera de los paisanos, de Íñigo de Loyola. Había olvidado su reciente vida, no recordaba sino la infancia lejana, y viendo cruzar un aerolito en el firmamento, casi estuvo por formular algún deseo, como se hace, supersticiosamente, si se quiere verle realizado dentro del año. Pero no encontró nada deseable, porque quien a todo ha renunciado es como si lo tuviese todo.

Repasaba la vieja lección astronómica de la estrella extinta, y que durante siglos puede seguir refractándose en nuestra retina. ¿Nuestra bondad no nos sobreviviría así, como un reflejo, mucho después que hubiéramos desaparecido? Y le pareció ver la hojita de calendario que había pegado a su cabecera, cuando niño, y donde Confucio afirmaba que llevando cada día un grano de arena al mismo sitio, podría llegar a hacerse una montaña. Íñigo Deusto sabía a qué atenerse ... La única que uno edifica es ese pequeño montículo sobre el cual se planta una cruz, como para decir que se ha llegado a la cima. "Tan sólo a los puros les es permitido morir."

Un silbato lejano turbó la paz de los campos. Pero él continuó sin siquiera volver la cabeza. Sin embargo, los rieles, entre los cuales marchaba, comenzaron por vibrar y, bajo la proyección de algún poderoso foco, parecieron fundirse como lingotes de oro, mientras soplaba a su espalda el viento huracanado de una tromba. Ni se detuvo, ni se apresuró. Estas dos paralelas de acero eran su camino, aquel del cual no nos es permitido apartarnos un ápice, ni aun para tratar de evitar lo inevitable. Y al caer de bruces, como ante el altar mayor la víspera, y al pretender instintivamente enderezarse, esa masa avasalladora como el destino, le alivió de un peso, y deslumbróle la gran sombra que se hacía en él ...

. . . .
. . . .

Al volver a casa de Giraldo Alcázar los tres hombres, Rocío les salió al paso, tan conmovida, que ellos se preguntaron lo que podía haberle ocurrido durante su ausencia. Su marido pensó en ella misma; el poeta pensó en Reinita; Sem pensó en el lebrel.

—Es Pedro Miguel todavía —dijo ella, tratando de sonreír en medio de su espanto —o, más bien, ese pobre cura. ¡Ah! ¡Si hubieseis visto! ¡No, nunca olvidaré su expresión!

Y se puso la mano como una pantalla, para no tener delante siempre la visión indeleble del hombre lleno de vida y ya marcado de un sello ... Por primera y única vez ella había sabido desentrañar ese algo inconfundible que ningún mortal debe sorprender.

Cuando pudo explicarse brevemente, los hombres se miraron, sintiendo comunicárseles el escalofrío que, aun a través de sus palabras, venía de lo más profundo de su intuición femenina. Ella aprovechó para decidirlos.

—Tú, Sem, al menos, estoy segura que puedes serle útil a tu amigo.

—Pedro Miguel ... —El poeta reflexionaba. Estaban muy cerca del alminar donde aquella otra vez viera recortarse su silueta sobre la noche sevillana. Y tuvo el capricho de no abandonar el desenlace de aquella intriga del fervor y del amor andaluz.

—¡Ea! Vamos, Sem; yo voy contigo, mientras Tirso se queda haciéndole compañía a Rocío.

Pero cuando llegaron a la estación de Córdoba el mixto había ya partido, y, sin embargo, y a pesar de las fiestas que se preparaban en la ciudad, a los dos hombres les chocó la aglomeración de gente que persistía en los alrededores. Sem se aproximó a un guardia.

—Sí, un atropellado —dijo el otro como confirmando. Y bajando la voz—: ...Y dicen que es un sacerdote.

—Hemos llegado tarde, Giraldo —comentó lúgubremente Sem, volviendo a reunírsele—. ¡Ah! Nosotros no podremos decir, como el pobre Deusto: Demasiado tarde, pero siempre a tiempo.

El poeta le miraba sin necesitar interrogarle, y hasta separaron los ojos, porque hay en ellos, y en esos casos, algo que nadie debe ver.

Hendieron la multitud y trataron de penetrar basta la sala de espera, convertida provisionalmente en depósito. Pero el juez se había constituido y, a pesar de haber mandado recado, tuvieron que aguardar que concluyera de instruir su sumario. Sonaron las diez. Habían transcurrido las tres horas desde que el párroco abandonara para siempre San Juan de la Palma. Un guardia civil vino a avisarles y pudieron ver, cerca de uno de los ajimeces,[304] la camilla en que se le había recogido.

¡El pobre solitario! ¡No había resistido el vértigo y había caído de la torre! *Fortissima turris nomen Domine*,[305] como estaba grabado en letras de a palmo en la Giralda. Sem se adelantó y le descubrió el rostro; entonces el poeta, irresistiblemente atraído, dio también un paso para contemplar por primera y última vez a aquel hombre que él no había visto nunca, pero con el cual se sentía vinculado por no sé qué lazos secretos.

En el vasco no había hecho sino acentuarse esa serenidad intangible que había sido siempre su expresión, y que era ahora la de la muerte misma. ¡Serenidad, dolor congelado! "Solamente una hora después de la muerte es cuando, de la máscara del hombre, empieza a surgir su verdadero rostro", piensa el pueblo bajo en España. Las ruedas le respetaron. Sólo en la frente, un poco de sangre se había coagulado sobre una pequeña herida.

—¿Se le ha identificado ya? —preguntó Sem, rompiendo aquella muda y larga contemplación.

—Todavía no —dijo el juez.

—Fue mi amigo, y nosotros le buscábamos. Es el cura de mi parroquia.

Los curiales tomaban cartas rápidamente: "Íñigo Deusto ... Eclesiástico ... Vascongado ... De treinta y tres años de edad ... Domiciliado en ... Aún no se sabía si se trataba de un accidente o de un suicidio. Pero el poeta y Sem Rubí obtuvieron que

[304] Ventana arqueada, del árabe.
[305] Repite el error en el latín de la primera parte de la novela.

la verificación médica se llevara a cabo sin levantar el cuerpo, para ellos poder hacerse cargo en seguida de él, y trasladarlo directamente a la casa parroquial. Y como tantas formalidades y trámites podían durar hasta la madrugada, Giraldo Alcázar creyó mejor llevarse a cenar, en su automóvil, al comisario y al juez. Se dejó instrucciones para el forense y, clausurada aquella sala de adioses que, con sus muros desnudos y sus altas ventanas ojivales, tenía algo de sagrario o de mezquita, una pareja de civiles montó la guardia en la puerta; junto a ella proseguiría la agitación del mundo, de los trenes que llegaban y de los que partían. Así quedaba encerrado y custodiado el cura Deusto, a la luz silenciosa de las lámparas, en esa como interminable velación del Jueves al Viernes Santo.

Sem Rubí debía preparar a Mónica y, muy tarde en la noche, mientras los otros hacían las últimas diligencias, el pintor se dirigió hacia esa iglesia, donde con él penetrara el Destino. Se le representaba la figura del cura vasco, tal como le viera la mañana de la procesión de Ramos, conduciendo por el cabestro el borriquillo en que iba montado el *Niño Jesús*. Y, mensajero de la fatalidad, buscaba la manera de acceder a esa casa que suponía dormida.

La rodeó, no atreviéndose a llamar. Los farolillos ardían frente al retablo de cerámica. En la plazoleta se erguía inmóvil la palma. Dobló el ángulo de la calle de la Feria, y entonces, al enfrentar la ventana del Jesús de los Afligidos y al inclinarse sobre su rejilla, una voz le interpeló desde la penumbra del oratorio.

—¿Es usted quien va, señor Sem?

Mónica estaba en oración y en espera. El pintor vislumbraba apenas su rostro vuelto hacia él, que se recataba en las sombras y que conservaba su mutismo. La figura amortajada del Cristo los dominaba. Pero, establecida esa incomprensible comunicación de las desgracias, un sollozo seco como una risotada hizo resonar el recinto.

—¡Ha muerto! ¡Ha muerto!

Sem no tuvo valor para responder. Entonces la vizcaína, que se había aproximado a las rejas, volvió a dejarse caer al pie del Jesús de los Afligidos, sin poder soltar el llanto, azotando su frente contra la peana.

—¡Ah! ¡Yo sabía que aquella pasión concluiría con esta muerte!

Y ella no discernía si había soñado este trance o si es que lo soñaba ahora. Sem Rubí, de pie junto a los barrotes, no parecía más despierto.

—La Pasión y Muerte —repitió como un eco.

Sus aventuras batalladoras y locuaces le aparecían inofensivas junto a esta exaltación mística y sensual consagrada por la muerte; y pensó, casi con alivio, en volver a partir de Sevilla, en busca de aquella, constantemente rehuida, pero a la vez veleta y pararrayos de su corazón, pues sus amoríos, compuestos de caprichos, eran como esas personas eternamente achacosas sobreviviendo a los más sanos y más robustos.

Mónica había cesado de gemir, y su voz sombría vino como desde una cripta.

—¿Ha muerto . . . o se ha matado?

—Quedará sin esclarecer, pues parece haber sido alcanzado por el mixto de Madrid, cuando seguía el talud de la vía férrea. Y tanto es así, que todo el convoy le ha pasado por encima, sin que tenga otras heridas que la que sin duda se hizo al azotar la frente contra la grava, y la producida por algún pedernal, en un costado. Apenas un poco de sangre sobre los labios acusa el derrame interno del choque.

No se oía ni aun la respiración de Mónica. Debía de estar como petrificada, con la vista absorta en la sombra, sabe Dios ante qué visiones. Sem prosiguió:

—Se le ha encontrado un décimo del sorteo de mañana, que no puede haber comprado sino esta noche, al dirigirse a la estación, por lo cual se comprende que nada premeditaba.

—Pero ... —insistió la voz sepulcral —¿se han visto con Pedrucho? ¿Se habrá ido ese réprobo?

—Tenía en el dedo su anillito —explicó Sem, con una emoción que no se había exteriorizado hasta entonces—, y en cuanto al viborilla, ha emprendido su marcha rampante por el mundo, arrollando a quien le diera abrigo. Ni siquiera él se puede haber dado cuenta, en el tren, que pasaba por sobre todo un corazón.

—¡Ah! ... ¡Sí! ¡Bien puede usted decirlo, y el de Jesús es testigo; él, que nos penetra hasta donde nosotros mismos no llegamos! ¡Todo un corazón! ¡Todo corazón!

Habíase vuelto a levantar y arreglaba la mantilla sobre sus cabellos grises. Sem Rubí comprendió que pensaba en salir.

—Usted me guiará; ¿no es cierto?

—Todo está hecho, y no nos queda sino esperar —completó entonces el pintor, dando la impostergable noticia—. Giraldo se ha encargado él mismo de acompañarle, mientras yo me adelantaba a prevenirla, y estarán aquí antes que aclare, para evitar tumultos.

—Pero ¿por qué tanto tardar? —gritó con desesperación Mónica.

—Piense usted; la circulación de carruajes está interrumpida hoy desde medianoche; ha habido que traerle cargado, como quien dice, desde Triana, a pequeñas estaciones y dando rodeos, pues seguramente los angarilleros no habrán podido cortar por Alfonso XII, ni pasar la plaza del Duque.

—¿Por qué?

—Porque es Viernes Santo, Mónica, y a esta hora sale de San Miguel la procesión del Silencio. ¡No era cosa que el cadáver del pobre se cruzara en el camino con el Santo Entierro!

Un amargo sarcasmo contraía los labios del judío; pero Mónica ya no le veía ni le oía.

Escucharon el silencio lleno de rumores, de esa alborada trágica. Distinguíanse músicas en sordina, pasos sigilosos, luces veladas, entre la incertidumbre de la noche, que no concluía de irse, y del día, que no acababa de venir.

De pronto, como vibrante lámina de cuchillo yendo a enclavarse allá donde palidecían las estrellas, rehiló la primera saeta. Fue como si se hubiera exorcizado un hechizo; como si, ahuyentando y disipando el misterio, aquel grito hiciera salir de su pesadilla a la ciudad sortílega, desencantada por el despertar.

Treinta y tres años de vida,
por tres años de pasión,
por tres horas de agonía,
y una eternidad de amor...

FIN

Sevilla, 1.º de enero.
Madrid, 18 de septiembre de 1920.[306]

---

[306] Aquí se precisan fechas: acción (1910-13 aproximadamente), escritura (1920), publicación (1924).

INDICE

Cronología de Augusto d'Halmar[307]

1882

23 de abril. Augusto Jorge Goemine Thomson nace en la calle Catedral de Santiago, hijo ilegítimo de Manuela Thomson Cross y Augusto Jorge Goemine (o a veces Goemini).

Sus hermanas por parte de madre Elena González Thomson (Lena), futura esposa de Fernando Santiván, y Estela González Thomson nacieron después.

1883

La familia se establece en Valparaíso de 1883 a 1887, y de nuevo en 1891.

1892

Retorno de la familia a Santiago. Hace de monaguillo en la parroquia de San Saturnino.

1893

Vocación religiosa; estudios en el Seminario de los Santos Ángeles Custodios. Abandona la vocación religiosa en 1894.

1896

Estudios en el liceo Amunátegui, dirigido por Eugenio María de Hostos.

1897

Primeros trabajos literarios y periodísticos. Lee a Zola por primera vez en 1898.

1900

Ingresa a la redacción de las revistas *Luz y Sombra* e *Instantáneas*.

---

[307] Agradezco la ayuda de Víctor Rocha con esta cronología.

1902

Publica *La Lucero*, obra que más tarde fue reeditada con el título *Juana Lucero*. Iba a formar pare de una serie narrativa con el título de "Los vicios de Chile". El título definitivo de *Juana Lucero* aparece apenas en la tercera edición, la de Nascimento de 1952, que lleva prólogo de Fernando Santiván.

1904

En un fragmento autobiográfico, *La novela de los recuerdos: fragmentos de un diario íntimo*, dice que el 1 de enero zarpa de Valparaíso a Europa. Sin embargo, ese "diario" es ficticio, ya que ese viaje a Europa, en el barco Oravia, no se produce hasta 1907. Como curiosidad, ese manuscrito, conservado en la Biblioteca Nacional de Chile, se firma afuera como "Augusto Thomson" y adentro como "Augusto Halmar". El 6 de octubre de 1904 Augusto d'Halmar funda la colonia tolstoyana junto a Fernando Santiván y Julio Ortiz de Zárate, en San Bernardo, a poca distancia al sur de Santiago, aventura retratada después por Santiván en *Memorias de un tolstoyano* (1955). La colonia durará hasta fines de 1905, interrumpida por la muerte de la abuela de d'Halmar, Juanita Cross, el 31 de diciembre de 1905.

1906

Via Crucis (Santiago: Veladas del Ateneo), cuentos.

1907

Nombrado cónsul general de Chile en la India. Llega a Calcuta en abril de 1908, pero abandona el puesto poco después.

1908

Cónsul en Etén, en el Perú, hasta 1916.

1909

Santiván publica *Palpitaciones de vida*, dedicado "A Elena, la compañera de mis horas de tempestad, estas páginas atormentadas".

1910

Publicación de *Ansia*, novela autobiográfica de Fernando Santiván con representaciones de d'Halmar (Guillermo Boris en la novela) y sus dos hermanas Elena (Magdalena) y Estela (Elsa). La novela retrata de modo cruel a d'Halmar, convertido en músico, quien viola a su hija en el lecho de muerte. Curiosamente, Santiván cuenta no sólo su matrimonio con Elena sino sus amores ilícitos con Estela, la hermana.

1914

Augusto Goemine Thomson adopta públicamente el apellido d'Halmar al publicar *La lámpara en el molino* (Santiago: Imprenta Nueva York). El relato que da nombre al volumen se había escrito en San Bernardo en 1906.

1916

Regresa brevemente a Chile donde dicta conferencias en el Salón de Honor de la Universidad de Chile. Parte para Europa como corresponsal de guerra.

1917

Se desempeña como corresponsal de guerra. Cumpliendo ese rol, es invitado al frente de batalla por las fuerzas aliadas. Se relaciona con los chilenos Joaquín Edwards Bello y Vicente Huidobro y con Francis de Miomandre y Oscar Lubisz Milosz. Escribe *La sombra del humo en el espejo*. Publica *Los alucinados* y *Gatita* (Santiago: Imprenta Universitaria). Muerte de su hermana Elena, primera esposa de Fernando Santiván.

1918

Nirvana (Barcelona: Casa Maucci), cuentos.

1920

Comienza a escribir *Pasión y muerte del cura Deusto* en Sevilla el 1 de enero, la termina el 18 de septiembre en Madrid.

1924

Publicación de la primera edición de *Pasión y muerte del cura Deusto* en Berlín (Editorial Internacional). Ese año también publica *La sombra del humo en el espejo* (Madrid: Editorial Internacional) y *Mi otro yo* (Madrid: Editorial de la Novela Semanal).

1927

Cuatro evangelios en uno (Paris: Presses de L. Pichon).

1933

Santiván publica *Confesiones de Samaniego*, núcleo de lo que será después *Confesiones de Santiván* (1958).

1934

Regresa definitivamente a Chile para desempeñarse como funcionario de la Biblioteca Nacional. Publica *La Mancha de don Quijote*, *Lo que no se ha dicho sobre la actual Revolución Española* (ensayos) y *Capitanes sin barco: novelas*, todas en la editorial Ercilla de Santiago.

1935

Siguen sus publicaciones en Ercilla (Santiago): *Los alucinados, Nirvana*, una reedición de *La lámpara en el molino, Gatita y otras narraciones, Amor: cara y cruz: novelas* y *Tríptico de una pasión.*

1938

Publicación de la segunda edición de *Pasión y muerte del cura Deusto* en Editorial Nascimento en Santiago.

1939

Reside en Valparaíso, nombrado director del Museo de Bellas Artes de Viña del Mar.

1941

Rubén Darío y los americanos en París (Santiago: Prensas de la Universidad de Chile) y *Homenaje a Rubén Darío* (Prensas de la Universidad de Chile).

1942

Recibe el primer Premio Nacional de Literatura. *Palabras para canciones* (Santiago, con prólogo de Ricardo Latcham).

1943

Nombrado Visitador General de Bibliotecas, Archivos y Museos. Publica *Mar: historia de un pino marítimo y de un marinero* (Santiago: Cruz del Sur).

1945

Carlos V en Yuste y Castilla (Santiago: Sociedad de Escritores de Chile).

1946

Publica las obras dramáticas *Lázaro* y *Los niños se van*, y la colección de cuentos *Cristián y yo* (Santiago: Nascimento, con prólogo de Mariano Latorre).

1948

Publica *Los 21* (Santiago: Nascimento), ensayos. En la revista *Atenea*, en un número sobre el cuento chileno, publica "Cuento cómo cuento un cuento".

1949

Dicta doce lecciones de oratoria en el Museo de Bellas Artes de Valparaíso, después publicadas como *Curso de oratoria: en diez lecciones* (Santiago: Ediciones Cruz de Triana).

1950

Fallece el 27 de enero en Santiago. Sus restos son velados en la Biblioteca Nacional. Está enterrado en el Cementerio Central de Santiago bajo una lápida con el nombre "Augusto d'Halmar Thomson".

Obras consultadas

Acevedo, Ramón Luis. *Augusto d'Halmar novelista (estudio de* Pasión y muerte del cura Deusto*).* Río Piedras: Editorial Universitaria, 1976.

Alone (Hernán Díaz Arrieta). *Los cuatro grandes de la literatura chilena: Augusto d'Halmar, Pedro Prado, Gabriela Mistral, Pablo Neruda.* Santiago: Zig-Zag, 1962.

Balderston, Daniel. *Los caminos del afecto.* Bogotá: Instituto Caro y Cuervo, 2015.

_____ *El deseo, enorme cicatriz luminosa.* Rosario: Beatriz Viterbo, 2004.

Cleminson, Richard y Francisco Vázquez García. *'Los invisibles': A History of Male Homosexuality in Spain, 1850-1940.* Cardiff: University of Wales Press, 2007.

D'Halmar, Augusto. *Obras escogidas.* Santiago: Editorial Andrés Bello, 1970.

_____ *Pasión y muerte del cura Deusto.* Berlín: Editora Internacional, 1924.

_____ *Pasión y muerte del cura Deusto.* Santiago: Editorial Nascimento, 1938.

_____ *Pasión y muerte del cura Deusto.* Santiago: Zig-Zag, 1985.

_____ *Pasión y muerte del cura Deusto.* Comp. e intro. Juan Pablo Sutherland. Santiago: Editorial Mago, 2014.

Domínguez Rubalcava, Héctor. *La modernidad abyecta: formación del discurso homosexual en Hispanoamérica.* Xalapa: Universidad Veracruzana, 2001.

Galgani, Jaime Alberto. *Augusto D'Halmar: Un proyecto cultural y literario.* Santiago: Ediciones Universidad Católica Silva Henríquez, 2008.

Kempis, Thomas à. *Imitación de Cristo.* Traducción de Juan Eusebio Nieremberg. Edición Kindle.

Lockhart, Darrell. "D'Halmar, Augusto". *Encyclopedia of Latin American Literature.* Comp. Verity Smith. Londres: Fitzroy Dearborn, 1997. 258-60.

Loebell, Ricardo. "Desplazamiento imaginario: Una lectura contemporánea de Augusto d'Halmar". Intro. a *La sombra del humo en el espejo.* Santiago: Sangría, 2009. 9-58.

Molloy, Sylvia. "Dispersiones del género: hispanismo y disidencia sexual en Augusto D'Halmar". *Revista Iberoamericana* 65.187 (1999): 267-80.

Rocha Monsalve, Víctor. "El ropero torcido del extraño Augusto d'Halmar: Escritura y homoerotismo en Chile a comienzos del siglo XX". *Jangada: crítica literatura artes* 1 (2013), en línea.

Santiván, Fernando. *Confesiones de Santiván (Recuerdos literarios)*. Comp. e intro. Ana Traverso. Valdivia: Ediciones Universidad Austral de Chile, 2016.

_____ *Memorias de un tolstoyano*. Intro. Hugo Montes Brunet. Santiago: Editorial Universitaria, 1997.

_____ *Obras completas*. Intro. Ricardo Latcham. 2 tomos. Santiago: Zig-Zag, 1965.

Villanueva Collado, Alfredo. "El puer virginal y el doble: configuraciones arquetípicas en *La pasión y muerte del cura Deusto* por Augusto D'Halmar". *Chasqui* 25.1 (1996): 3-11.

Vulgata: *Biblia Sacra juxtaVulgatam Clementinam*. Ed. Alberto Colunga y LaurentioTurrado. Madrid: Biblioteca de Autores Cristianos, 1946.

Zubiaurre, Maite. *Cultures of the Erotic in Spain 1898-1939*. Nashville: Vanderbilt University Press, 2012.